31 para uma vida abundante

Querida Fernanda
Que o amor de Deus te cubra dia após dia
Pastora Marisete

#UP BOOKS

Itapira, SP
2017

UPBOOKS
[Casa Publicadora
Bereana]

www.upbooks.com.br
contato@upbooks.net.br

(19) 98287-2935

Primeira edição 2016 – Impresso no Brasil

Editor:	Eneas Francisco
Revisão:	Angélica Pina Thaís Santos
Diagramação:	BFK
Capa:	Charles Santos

Dados Internacionais de Catalogação na Publicação (CIP)

474Alve ALVES, Marisete, 1968-
31 segredos para uma vida abundante / Marisete Alves. - Upbooks: Itapira - SP, 2017.

ISBN 978-85-66941-35-7

1. Segredos 2. Prosperidade. 3. Bíblia I Título.

Índice para catálogo sistemático:
1. Prosperidade 2. Bíblia

Sumário

Introdução

Esse livro foi um pedido de Deus. Há quatro anos, Deus me mandou que escrevesse o que Ele iria me mostrar. São trinta e um versículos bíblicos que contém pequenos segredos. Eu aconselho você a ler um capítulo por dia e a cada dia do mês você terá um pequeno segredo que mudará sua vida.

É através da leitura e do conhecimento acerca das coisas que podemos ter mudanças em nossa vida. Todas as respostas para nossas perguntas estão na Bíblia, onde aprendemos tudo sobre nós mesmos.

Desde os doze anos sou fascinada por leitura. Concluí o ensino fundamental e nunca mais voltei à escola, mas meu hábito para leitura nunca mudou. Escolhi este tema para este livro, pois amo o conhecimento. A Bíblia está certa quando fala que o povo de Deus perece por falta de conhecimento, e é em cima deste assunto que escrevi este livro.

Conhecimento para mim é tudo. Quem tem conhecimento da Bíblia tem paz; quem tem conhecimento tem saúde, quem tem conhecimento tem prosperidade. Aprendi muito com a Palavra de Deus, e o que aprendi é ainda nada, mas mesmo uma gota desse oceano de conhecimento eu gostaria de compartilhar para quem tiver interesse de ler meu livro.

Salomão em 2 Crônicas 1:10 pediu a Deus sabedoria e conhecimento; em 2 Reis 4:29 a Palavra de Deus declara: *"E Deus deu a Salomão sabedoria e muitíssimo entendimento e conhecimento como a areia que está na praia do mar"*.

Por isso a importância do conhecimento. Este livro foi gerado por Deus, e eu sou apenas um canal que pela misericórdia Dele foi usado para fazê-lo. Também escrevi movida pela vontade que tenho de ajudar as pessoas, e minha maneira de ajudar é colocando no papel o pouco que sei e com isso falar sobre todas as bençãos que estão escritas em nosso manual de vida, a Bíblia.

Segredo 1

"E, deixando-os, tornou a entrar no barco, e foi para o outro lado. E eles se esqueceram de levar pão e, no barco, não tinham consigo senão um pão. E ordenou-lhes, dizendo: Olhai, guardai-vos do fermento dos fariseus e do fermento de Herodes. E arrazoavam entre si, dizendo: É porque não temos pão. E Jesus, conhecendo isto, disse-lhes: Para que arrazoais, que não tendes pão? Não considerastes, nem compreendestes ainda? Tendes ainda o vosso coração endurecido? Tendo olhos, não vedes? E tendo ouvidos, não ouvis? E não vos lembrais, quando parti os cinco pães entre os cinco mil, quantas alcofas cheias de pedaços levantastes? Disseram-lhe: Doze. E, quando parti os sete entre os quatro mil, quantos cestos cheios de pedaços levantaram? E disseram-lhe: Sete. E ele lhes disse: Como não entendeis ainda?" Marcos: Cap. 8, Vers. 13 ao 21.

Neste texto, Jesus chama nossa atenção para algo importante: Ele fala dos milagres que já fez em nossas vidas e que acabamos nos esquecendo quando nos deparamos com uma dificuldade. Quando Jesus faz outro milagre, passa o tempo e nos esquecemos novamente, e em cada situação em que não nos lembramos dos milagres já feitos é como se disséssemos que Jesus não tem poder para resolver nossa situação. Mas Ele já resolveu problemas maiores que passamos, então onde fica nossa Fé? Onde fica nossa confiança? Afinal, quantas bênçãos Ele já nos deu? Quantos livramentos Ele já nos deu? Quantas portas Ele já nos abriu? Mas novas dificuldades e problemas tornam a surgir, nos cegando mais uma vez. Parece que ficamos com amnésia, esquecemos, murmuramos, somos ingratos. Mas Deus continua a fazer novos milagres.

Então, por que não conseguimos ter uma fé constante? O que será que nos faz esquecer tão rapidamente dos grandes feitos de Deus em nossas vidas? O que nos faz esquecer e não manter uma Fé constante é nossa distância do Senhor. Quando nos distanciamos, mesmo que por um momento, o inimigo se aproxima e fala em nossa mente, e nós acreditamos. Se imaginássemos o poder que há na gratidão, nunca mais esqueceríamos, nem murmuraríamos mais, tampouco reclamaríamos, apenas agradeceríamos e louvaríamos, porque só assim o outro milagre que precisamos chegaria mais rápido.

Somos nós quem atrasamos as bênçãos de Deus em nossas vidas; então, AGRADEÇA, TENHA FÉ E CONFIE e você se surpreenderá com o resultado. O GRANDE SEGREDO AQUI é lembrar os grandes feitos de Deus em sua vida, agradecer, ter fé e confiar.

Segredo 2

"Jesus fez também muitas outras coisas. Se cada uma delas fosse escrita, penso que nem mesmo no mundo inteiro haveria espaço suficiente para os livros que seriam escritos". João 21:25.

A Palavra diz que, se fossem escrever tudo o que Jesus fez na Terra, não teria lugar no mundo para guardar todos os livros. Mas algo me deixa curiosa, por que será que alguns dos feitos de Jesus foram parar na Bíblia? Por que será que apenas os nomes de algumas pessoas ficaram registrados?

Para que Jesus anotasse no livro da história seus nomes, essas pessoas fizeram algo diferente. E hoje Deus está procurando pessoas que façam a diferença, para deixar seus nomes escritos no livro na nova história que está sendo escrita, nessa época, nesse tempo. E hoje, será que Jesus encontraria alguém disposto a fazer a diferença? Somos tão acostumados com o mundo da maneira que é, que nem queremos, nem pensamos, nem sonhamos em fazer a diferença. A tecnologia, a facilidade e a comodidade nos deixam preguiçosos. Mídias sociais como o Facebook, WhatsApp, text message, Skype, atrapalham nosso crescimento. A maioria das pessoas não possui o hábito de leitura e, dessa maneira, não ampliam seu conhecimento. Porque com leitura há conhecimento e, se não lemos, então não conseguimos descobrir algo novo para fazermos a diferença, para sermos diferente s. Nossa mente está preguiçosa, nem pensar mais ela precisa, recebe tudo "mastigado" pela tecnologia. Precisamos nos disciplinar em relação a estudar, passar mais tempo na frente de um livro. Tem tanta gente com tantas ideias boas que, com certeza, fariam história se as colocassem em prática.

Muitas vezes exige esforço, dedicação da pessoa, mas não queremos perder tempo, não queremos nos dedicar, nos esforçar... E, assim, a história vai ficando sem marcas, vazia, sem novidade, e o livro da história vai ficando com as páginas em branco. Te convido a escrever uma nova história para sua vida e, quem sabe, para a humanidade te conhecer.

Sabe aquela ideia que está aí na sua mente? Estude mais sobre ela, colha informações, perca tempo, faça tentativas para ver se funciona, tire da mente, coloque no papel e depois execute. TENTE. O GRANDE SEGREDO é você começar a escrever uma nova história para você, para que seu nome seja comentado e fique registrado no livro da história da humanidade, e você seja reconhecido pelos seus feitos. Deus procura hoje alguém para fazer uma nova história. Quem sabe esse alguém é exatamente você, lendo essas palavras agora?

Segredo 3

"Então o Rei dirá aos que estiverem à sua direita: Venham benditos de meu Pai! Recebam como herança o Reino que foi preparado para vocês desde a criação do mundo. Pois eu tive fome, e vocês me deram de comer; tive sede, e vocês me deram de beber; fui estrangeiro, e vocês me acolheram; necessitei de roupas, e vocês me vestiram; estive enfermo, e vocês cuidaram de mim; estive preso, e vocês me visitaram. Então os justos lhe responderão: Senhor, quando te vimos com fome e te demos de comer, ou com sede e te demos de beber? Quando te vimos como estrangeiro e te acolhemos, ou necessitado de roupas e te vestimos? Quando te vimos enfermo ou preso e fomos te visitar? O Rei responderá: Digo a verdade: o que vocês fizeram a algum dos meus menores irmãos, a mim o fizeram". Mateus 2534-40.

Esse é o único versículo em que Deus é claro na Bíblia sobre quem herdará o reino do céu: os que ajudam. Tão simples entrar no céu, mas a maioria não vai entrar, porque ajudar não é algo do ser humano, a matemática de Deus é diferente da matemática do mundo. A matemática de Deus é dividir, para que haja multiplicação, mas o mundo não quer dividir nada, quer apenas multiplicar, e, assim, as pessoas caminham para um abismo. O ser humano é muito egoísta e apenas pensa em aumentar o que tem. Muitos têm montanhas de tudo, e outros vivendo a miséria, a falta de tudo.

Agora, quem estiver disposto a dividir o que tem, da maneira como puder fazer, terá sempre multiplicado o que já tinha. Tenho um pequeno testemunho de minha própria experiência de vida relacionado a isso: eu já me mudei muitas vezes, às vezes de bairro, às vezes de estado e duas vezes de país. Toda vez em que me mudava, eu dava tudo o que tinha; todos os meus móveis, toda a decoração, toda a louça. Quando eu chegava à outra cidade, nunca passava mais de um mês para que eu ganhasse de volta tudo o que dei e, detalhe, com qualidade muito melhor. Deus usava outras pessoas para me abençoar, assim como eu tinha feito. DEUS É LINDO!

Esse é um segredo lindo de Deus: comece a abrir sua mão, comece a abençoar, comece a dar, e você vai ver o que Deus vai fazer com sua doação. Muitas vezes temos medo de doar, de ajudar, porque pensamos que vai nos faltar. Isso é uma mentira de satanás. Quando ele vai querer que você entre no céu? Nunca. Vai fazer de tudo para te impedir de entrar no céu. Mas agora você já sabe qual é o GRANDE SEGREDO. É AJUDAR, AJUDAR E AJUDAR.

Aqui Jesus fala de várias maneiras de ajudar: dando comida aos necessitados (quantos estão com fome do seu lado?), dando roupas (quantas roupas que você já não usa mais estão no seu armário?)... Mas você pensa: ah, um dia vou usar! E nunca usa, nem cobre alguém.

Quantas pessoas que você ou que algum amigo seu conhece estão presas, mas você nunca se interessou em ir visitá-la e levar um aperto de mão, um abraço? Talvez é só isso que elas precisam. Quantos estão enfermos? Todos nós temos algum conhecido que está doente, mas nunca vamos visitar, nos comportamos como se nunca fôssemos ficar doente s. O doente, muitas vezes, fica o dia inteiro sozinho, às vezes ele só quer conversar um pouquinho. E o estrangeiro? Falo por mim, que sou brasileira e moro nos Estados Unidos. Quando cheguei, uma amiga me acolheu, me deu um pouso, de comer, beber, e vestir, até começarmos a conseguir nossas coisas. Mas vejo tantas pessoas chegando aqui, conhecida s desse ou daquele, e não querem acolhê-las, não dão atenção, não ajudam. O começo de qualquer coisa é muito difícil, precisamos de ajuda.

Então, como pode perceber, Deus espera que nos vigiemos. Jesus muitas vezes vem disfarçado para te testar, e muitas vezes você tem sido reprovado. Vigie e ajude, para um dia estar ao lado direito na divisão de Deus. Leia todo o capítulo 25 de Mateus para compreender melhor o que estou falando.

Segredo 4

"Meus irmãos, não sejam muitos de vocês mestres, pois vocês sabem que nós, os que ensinamos, seremos julgados com maior rigor. Todos tropeçamos de várias maneiras. Se alguém não tropeça no falar, tal homem é perfeito, sendo também capaz de dominar todo o seu corpo. Quando colocamos freios na boca dos cavalos para que eles nos obedeçam, podemos controlar o animal todo. Tomem também como exemplo os navios; embora sejam tão grandes e impelidos por fortes ventos, são dirigidos por um leme muito pequeno, conforme a vontade do piloto. Semelhantemente, a língua é um pequeno órgão do corpo, mas se vangloria de grandes coisas. Vejam como um grande bosque é incendiado por uma simples fagulha. Assim também, a língua é um fogo; é um mundo de iniquidade. Colocada entre os membros do nosso corpo, contamina a pessoa por inteiro, incendeia todo o curso de sua vida, sendo ela mesma incendiada pelo inferno. Toda espécie de animais, aves, répteis e criaturas do mar doma-se e é domada pela espécie humana; a língua, porém, ninguém consegue domar. É um mal incontrolável, cheio de veneno mortífero. Com a língua bendizemos ao Senhor e Pai, e com ela amaldiçoamos os homens, feitos à semelhança de Deus. Da mesma boca procedem bênção e maldição. Meus irmãos, não pode ser assim!" Tiago 3:1-10.

Tiago fala sobre algo muito sério: "nossa língua" e como ela é perigosa. Não a língua em si, mas o que a língua fala. Há um poder tremendo em cada palavra que sai de nossa boca.

A Bíblia fala que, quem não tropeçar no falar, é um homem perfeito. Será que existe esse homem perfeito? Nessa minha existência de 47 anos de vida eu ainda não o achei. Porque perfeito foi um só, JESUS. Mas temos que tentar a perfeição todos os dias, mesmo que não consigamos. Nosso trabalho é tentar, e eu sei que conseguimos melhorar um pouquinho a cada dia. Temos que ter o domínio sobre nossa língua, e muitas vezes somos dominados por ela. É tão automático que, quando percebemos, já falamos, e, por não termos domínio, machucamos pessoas que amamos, falamos coisas que depois nos arrependemos.

Quantas vezes perdemos grandes oportunidades na vida por causa da nossa língua? Muitos já perderam o grande amor de suas vidas por causa de algo que falaram sem pensar. Quantos empregos perdidos por causa de palavras mal colocadas? Toda vez que for falar algo importante, pare e analise o que tem que sair de sua boca. Vigie sua boca, vigie sua língua, porque depois que a palavra sai, jamais voltará.

Muitos hoje são destruídos por causa de sua própria língua. A responsabilidade pela sua vitória está em sua língua. Não fale tudo o que você pensa, não fale tudo o que você quer, não fale tudo o que VOCÊ julga ser certo. Muitas vezes, o silêncio é a grande resposta. Então, DOMINE SUA LÍNGUA.

O que alguns filósofos falam sobre o vigiar da língua:

"Os homens de poucas palavras são os melhores."
William Shakespeare

"Se A é o sucesso, então A é igual a X mais Y mais Z. O trabalho é X; Y é o lazer; e Z é manter a boca fechada."

Albert Einstein

"A palavra é prata, o silêncio é ouro."

Provérbio Chinês

"Aqueles que têm um grande autocontrole, ou que estão totalmente absortos no trabalho, falam pouco. Palavra e ação juntas não andam bem. Repare na natureza: trabalha continuamente, mas em silêncio."

Mahatma Gandhi

"O mais competente não discute, domina a sua ciência e cala-se."

Voltaire

"Quando as palavras não são tão dignas quanto o silêncio, é melhor calar e esperar."

Eduardo Galeano

Se minhas palavras não te convenceram, espero que estas palavras de grandes nomes da história te convençam.

Segredo 5

"E formou o Senhor Deus o homem do pó da terra, e soprou em suas narinas o fôlego da vida; e o homem foi feito alma vivente." Gênesis 2:7

Quando você enche um balão, dentro dele fica algo que saiu de você: o ar. Mas Deus é um Ser Poderoso, Espiritual, Criador, Inteligente e, dentro de nós, existe algo que procedeu Dele, o que nos torna a imagem e semelhança de Deus, como a Bíblia mesmo nos fala. Mas, se somos imagem e semelhança de Deus, por que temos tantos problemas, tantas dificuldades, tantas doenças, tantas tristezas, tanta angústia, ansiedade e tantas outras coisas ruins?

Isso tudo é porque não sabemos quem somos, tampouco o poder que temos. Precisamos ter conhecimento de quem somos. Mas como saber? Lendo o nosso manual de instruções. Quando você compra um produto, um computador ou uma televisão, até mesmo um carro, sempre acompanhará um manual de instruções, então nós também temos um manual: A Bíblia. Mas você tem lido a Bíblia? Você já leu?

Se você já leu, então você sabe do que estou falando: dentro desse livro existe m todas as instruções, receitinhas, segredos, revelações tremendas sobre quem somos e como funcionamos, como acabar com problemas... tem tudo nesse manual. Muitos têm o manual de instrução, mas não leem. Apenas não se interessam em saber como funciona e, com isso, vivem suas vidas cheios de problemas. É como um carro: se usá-lo e nunca trocar o óleo: acontecerá um problema com ele. E, com certeza, no manual você vai encontrar o motivo do problema.

O mesmo ocorre conosco e, por isso, a importância de ler a Bíblia. Às vezes seu carro está com problemas e você nem sabe se trata-se apenas de uma troca de óleo. Uma coisa tão simples, mas você não sabia. Então, lendo o manual, você descobrirá. Alguns dias atrás, compramos um carro novo e ele é tão melindroso que começou a aparecer uma luz no painel. Não sabíamos o que era, levamos a um mecânico e ele utilizou o computador para identificar o problema, que surgiu em forma de um código. Fomos no manual e lá estava o que significava a luz acesa no painel: era apenas a tampa do combustível que não estava bem trancada. Tão simples, mas, sem o manual, nunca saberíamos.

Você entendeu então a importância do manual, da Bíblia? Lá você encontrará a resposta para suas perguntas, a solução para seus problemas. Amados, paremos de sofrer, vamos atrás de onde está a solução, A Bíblia. Este é o GRANDE SEGREDO, temos a informação do nosso funcionamento. Fomos criados com uma exatidão perfeita, mas vamos crescendo e ficando com algumas falhas aqui, outras ali, e então precisamos do socorro que está no manual, precisamos saber como consertar essas pequenas falhas que, às vezes, o nosso dia a dia nos causa.

Deus nos quer pessoas inteligentes, que vão atrás para consertar as pequenas falhas que vão surgindo, mas para isso precisamos ter um tempinho para estudar o manual. Se todos conhecessem o manual, muitas coisas não estariam acontecendo hoje. Não há como viver uma boa vida sem o conhecimento do manual. Não tem como fazer funcionar perfeitamente uma televisão, especialmente as mais modernas, quando tudo se resolve no controle remoto, se não tiver um manual de instrução. Então, se para fazer uma televisão funcionar bem, você lê o manual de instrução, por que não lê o seu? Você vai se surpreender com os pequenos segredos que há nas linhas deste maravilhoso manual. Leia, se informe, vasculhe e acabe com seus problemas.

Segredo 6

"No princípio criou Deus o céu e a terra. E a terra era sem forma e vazia; e havia trevas sobre a face do abismo; e o Espírito de Deus se movia sobre a face das águas. E disse Deus: Haja luz; e houve luz". Gênesis 1.

No capítulo 1 de Gênesis, existe um segredo tremendo. Mas qual é? Será que você consegue identificar? Pois bem, sabemos que Deus é um Ser poderoso, capaz de fazer qualquer coisa, de qualquer maneira. Então porque será que Ele DISSE: haja luz? Ele quis, com isso, mostrar o poder que há na palavra. Quando falamos, quando pronunciamos palavras, algo acontece, por isso que a Bíblia fala que "da nossa boca pode sair a vida ou a morte".

Nós não temos ideia do que as nossas palavras fazem. Palavras têm ação direta em nós mesmos e no ambiente. Massaru Emoto fez um experimento com a água. Ele falou palavras para uma garrafa de água, depois congelou e, com um microscópio, conseguiu ver suas moléculas.

O que ele descobriu foi surpreendente: há mudanças nas moléculas dependendo do tipo de palavras direcionadas a elas. Então, pense o que acontece conosco, que somos feitos de 70% de água. Deus deixou claro que Ele usou a palavra para criar o mundo, você pode ler todo o capítulo 1 de Gênesis e vai encontrar vários "e Deus DISSE...".

Deus podia ter feito um clic com seus dedos e a terra podia ter se formado, mas não foi assim que Deus fez, Ele disse. O que estou querendo dizer com isso? Quero te dizer o seguinte: o que você está falando? Que palavras estão saindo de sua boca? Eu não posso? Eu não consigo? Eu não sou bonita (o)? Não sou vencedor (a)? Eu não tenho valor? Eu não sou inteligente? Eu não sou capaz?

O que você tem falado sobre você mesmo? O melhor seria sair da sua boca palavras como: Eu posso. Eu consigo. Sou bonita (o). Sou vencedor (a). Eu tenho valor. Eu sou inteligente. Eu sou capaz. A Bíblia fala que perecemos por falta de conhecimento, e isso é verdade. Você tinha o conhecimento dessas coisas que acabou de saber?

Então, de agora em diante, comece a vigiar as suas palavras. Você vai ter que se dedicar a esse árduo trabalho, vai ter que mudar a maneira de falar que existe em você desde a sua meninice, por isso digo que será árduo o trabalho, mas não disse que seria impossível, apenas árduo. MUDE SUAS PALAVRAS, MUDE SUA VIDA.

"E profetizei como ele me deu ordem; então o espírito entrou neles, e viveram, e se puseram em pé, um exército grande em extremo". Jeremias Cap. 37:10.

Suas palavras podem mudar seu mundo. Neste versículo do livro do Profeta Jeremias, Deus deu uma ordem a ele e ele fez. Leia todo o capitulo 37 para você entender melhor, vale a pena.

Deus mandou Jeremias falar, apenas falar, Deus nem mandou Jeremias trabalhar. Tudo o que Jeremias profetizou (falou), aconteceu. Aqui está o GRANDE SEGREDO: profetizar, falar, dar ordem ao universo. Deus nos manda dar ordem ao universo. Quando nós entendermos esse segredo, seremos pessoas diferentes, pessoas poderosas. Pense comigo, o dono de uma empresa não fala a seus subordinados "faça isso, faça aquilo "? Tudo funciona depois que a palavra sai de nossa boca. Deus quer algo novo dessa geração que está aí, Deus quer novas palavras, novas profecias. Vamos atender a Deus e começar a falar coisas boas e grandes a respeito de nós e do mundo.

Segredo 7

"Não se amoldem ao padrão deste mundo, mas transformem-se pela renovação da sua mente, para que sejam capazes de experimentar e comprovar a boa, agradável e perfeita vontade de Deus." Romanos 12:2

A nossa mente é nossa maior amiga, e é também nossa maior inimiga. Será que você sabe como funciona sua mente? A mente é um mistério, algo poderoso. Ela manda em sua vida, ela que determina sua vida, ela domina sua vida.

Mas, mesmo que ela mande, determine e domine sua vida, é só você quem pode mudar seja lá o que for que sua mente esteja fazendo contigo. Não existe nada neste mundo feito pelos homens que não tenha sido, antes, uma criação da mente. Tudo o que somos, que atraímos, que vivenciamos, que pensamos, nada mais são do que respostas da nossa mente. Nisto reside o nosso poder.

Vigie a sua mente com a atenção de quem zela por um bebezinho. Você percebe a seriedade disso? Em Romanos 12:2, a Bíblia fala que não podemos nos conformar com essa vida que temos, temos que transformar nossa vida pela renovação da nossa mente, para que possamos experimentar qual seja a boa, agradável e perfeita vontade de Deus para nossas vidas.

Isso quer dizer que há possibilidade de haver mudança em nossa vida, mas isso tem que começar conosco mesmo. Não sei quantos anos você tem hoje, mas a vida toda você está pensando de uma forma e, se sua vida não está boa, é porque sua mente precisa ser renovada. Você precisa parar e RENOVAR seus pensamentos, quando fizer isso, você estará RENOVANDO sua mente.

Não permita, um só segundo, que sua mente fique sem comandos. Ela não sabe o que faz e pensa que tudo o que faz, faz pelo seu bem. Tenha o controle de sua mente, tenha controle da sua vida. São poucas as pessoas que sabem disso, as igrejas falam pouco disso ou quase nada. As empresas deveriam ter trabalhos internos para ajudar os funcionários a serem pessoas melhores. Melhorando as pessoas, a empresa melhora. Ninguém faz isso, esse é um assunto escondido e sem conhecimento, mas é primordial, para uma vida abundante, termos o controle da mente. O mundo está carente de conhecimento. Vivemos numa época tão informatizada, tão tecnológica, tão fácil, mas ainda falta o principal, falta o conhecimento do funcionamento dessa máquina humana, que somos nós. Temos o poder para mover coisas do lugar só com o poder da mente, temos o poder de nos autocurarmos com a mente, temos o poder de rejuvenescer com a mente, temos o poder de influenciar milhões com a mente. E o que eu e você estamos fazendo com isso? Estamos fazendo de conta que não é nada conosco. Poderíamos mudar o mundo, mas... isso não é para mim! Temos o poder de criar maravilhas, mas... isso é para cientistas! Parece que nada é conosco. E cada um de nós tem uma função aqui na Terra a fazer, para que haja harmonia na Terra. Mas, como não sabemos e não fazemos, existe a falta de harmonia e paz na Terra. Culpa minha e sua, que não sabemos usar o que Deus deixou dentro de nós: a mente.

A mente é algo que parece estar tão longe, mas é a coisa mais importante que está em nós. Nela guardamos tudo o que acontece em nosso dia a dia. A mente também tem outros nomes, como ego, superego, cabeça, racional, enfim, tudo o que nos faz pensar, acreditar, o que nos estrutura como uma pessoa aqui nesta Terra. O meu nome, minha profissão, minha casa, meu gosto musical, isso tudo é da minha cabeça, da minha mente, do meu ego.

A mente é muito importante, sim. Ela cria em nós uma identidade, precisa integrar todas as informações (de fora e de dentro de nós) que aparecerem. E é só através desta identidade que conseguimos viver em sociedade. Ela nos dá boas ideias, nos eleva, nos conduz, nos acalma. Ou, por outro lado, nos fragmenta, nos derruba, nos confunde, nos enlouquece. É da mente aquela vozinha lá dentro da cabeça dizendo "você acha que um cara destes vai te dar alguma atenção?" ou "claro que é muito difícil passar naquela prova, mas você até pode tentar." Ou então "só mais um brigadeiro, que mal faz?", quando você está de dieta. Ou "só mais um gole.", "o que é que tem trair meu cônjuge?" e todo tipo de palavra ou pensamento, como "Só hoje." Bom, a mente é assim. A sua mente pode estar te levando para o inferno. Por isso Romanos 12:2 nos pede para transformar nossa mente; e este é nosso GRANDE SEGREDO deste versículo.

Segredo 8

"Pedi, e dar- se- vos- á; buscai e achareis; batei, e abrir-se--vos-á. Pois todo o que pede recebe; o que busca encontra; e, a quem bate, abrir-se-lhe-á" Mateus 7.7

Aqui mais um GRANDE SEGREDO para o sucesso: primeiro, você tem que PEDIR, depois você tem que BUSCAR e depois BATER e a porta vai se abrir.

O que pedir? O que buscar? Onde bater? Para nós, essa promessa de Jesus é muito forte e real: quem pede, recebe; quem procura, acha; quem bate à porta, esta lhe será aberta. Será que nós estamos levando essa palavra de Jesus a sério? Pedir, procurar e bater é insistir e perseverar. Todo aquele que pede, recebe, quem procura, acha e a quem bate, a porta se abre. Porém, será que nós estamos pedindo algo bom para nós, estamos buscando no lugar certo ou batendo na porta adequada? Esta é a questão! Talvez essa seja a razão pela qual nós não recebemos, não encontramos e não alcançamos.

Em tudo existe um mistério, mas aqui está desvendado para aquele que quer saber. Precisamos estudar cada versículo bíblico com muita atenção, se está escrito lá, é porque isso tem importância. Senão, não estaria lá.

Este versículo primeiro diz que temos que PEDIR. Muitas vezes, para não dizer sempre, nós nem sabemos o que queremos. Pare agora e peça por você mesmo. O que você quer da sua vida? O que você gostaria de pedir agora? Alguns têm a resposta imediata, mas muitos vão parar para pensar. É aí que está o problema.

Se você não sabe para onde vai, todos os caminhos te levam para lugar nenhum. Isso parece sem importância, mas tem muita importância.

Coloque um navio no meio do mar e deixe-o lá, sem programar o seu computador com a direção para onde você quer ir com ele. Ele ficara lá o resto da vida.

Assim somos eu e você; temos que ter um foco, uma direção, uma meta; aí sim, saberemos o que PEDIR.

Agora você já sabe que tem que saber o que quer PEDIR, mas agora você tem que PROCURAR. Exemplo: você quer uma esposa (o), você precisa procurar. Vá para a igreja, lá tem muitas servas (os) do Senhor também procurando alguém. Ou vá a um restaurante ou ao cinema, não sei... Há tantos lugares aonde vão pessoas, você precisa procurar.

Se você quer uma casa nova, grande e confortável para a sua família, mas o seu salário não dá para comprar algo melhor, mude de emprego. Muitos têm muito medo de mudar de emprego. Precisamos de coragem e, se você sabe o que quer e procurar, você VAI encontrar. Se você quer ser mais inteligente, procure ler. Tem uma LEI que resolve todas as coisas, você sabia? LEI-TURA. Comece a ler, você vai se surpreender como vai começar a ficar inteligente. Enfim, é só procurando que você vai encontrar.

BATEI e abrir-se-vos-á. Você já pediu e buscou, e agora? Bater? Mas como fazer? Quando você vai visitar uma pessoa, você chega na casa dela e toca a campainha. Ninguém atende, mas você combinou com ele que, naquele horário, estaria lá. O carro da pessoa está na frente da casa. Então você toca de novo e a porta finalmente se abre. Por isso, você precisa bater, perseverar, para ser mais exato. Existe um esforço nesta palavra: para bater, você precisa levantar sua mão, levar até a porta e bater. Se você apenas chegar na frente da porta e não fizer movimento nenhum, esforço nenhum, nada vai acontecer.

Então bate... bate... bate... E a porta vai se abrir. Procurou seu futuro parceiro em dois lugares e não achou? Procure em mais dois. Procurou dois novos empregos e não deu certo? Procure mais dois. Leu dois livros e não ficou mais inteligente? Leia a Bíblia e mais dois livros.

BATA, porque a porta vai se ABRIR. Em tudo Deus faz a parte d'Ele, mas você precisa fazer a sua também, precisa haver a sua participação no processo. Temos que ser pessoas determinadas a vencer, a pedir, a buscar e a bater. Esses são três GRANDES SEGREDOS para uma vida abundante. Existe m muitas pessoas com muitas, mas muitas promessas de Deus em suas vida s. Mas ficam sentadas, esperando que Deus desça do céu, se materialize e traga em suas mãos as coisas. Não é assim. Quando Deus fala, Ele já liberou. Agora corra, mas corra mesmo, faça sua parte, porque senão vai passar para outro. A parte de Deus já está feita, Ele já falou que liberou. Às vezes queremos que Deus faça a parte d'Ele e a nossa. Se você tem um sonho e isso é bom para você e sua família, é porque Deus colocou em você. Agora PEÇA, BUSQUE E BATA, creia em você e em seu potencial. Se Deus colocou em você, Ele sabe que pode fazer, mas, às vezes, é você quem não acredita em si mesmo. Eu acredito em você, então se dê um voto de confiança e VÁ.

Segredo 9

"Então disse Davi a Saul: Teu servo apascentava as ovelhas de seu pai; e quando vinha um leão e um urso, e tomava uma ovelha do rebanho, eu saía após ele e o feria, e livrava-a da sua boca; e, quando ele se levantava contra mim, lançava-lhe mão da barba, e o feria e o matava. Assim feria o teu servo o leão, como o urso; assim será este incircunciso filisteu como um deles; porquanto afrontou os exércitos do Deus vivo. Disse mais Davi: O Senhor me livrou das garras do leão, e das do urso; ele me livrará da mão deste filisteu. Então disse Saul a Davi: Vai, e o Senhor seja contigo." Davi, porém, disse ao filisteu: Tu vens a mim com espada, e com lança, e com escudo; porém eu venho a ti em nome do Senhor dos Exércitos, o Deus dos exércitos de Israel, a quem tens afrontado. Hoje mesmo o Senhor te entregará na minha mão, e ferir-te-ei, e tirar-te-ei a cabeça, e os corpos do arraial dos filisteus darei hoje mesmo às aves do céu e às feras da terra; e toda a terra saberá que há Deus em Israel; e saberá toda esta congregação que o Senhor salva, não com espada, nem com lança; porque do Senhor é a guerra, e ele vos entregará na nossa mão. E sucedeu que, levantando-se o filisteu, e indo encontrar-se com Davi, apressou-se Davi, e correu ao combate, a encontrar-se com o filisteu. E Davi pôs a mão no alforje, e tomou dali uma

pedra e com a funda lha atirou, e feriu o filisteu na testa, e a pedra se lhe encravou na testa, e caiu sobre o seu rosto em terra." I Samuel 17:34-37; 45-50.

Assim Davi prevaleceu contra o filisteu, com uma funda e uma pedra, e feriu o filisteu e o matou, sem que tivesse uma espada na mão. Leia todo esse capítulo dezessete, é veja como esta história é linda! Nela, vemos um rei que ainda era apenas um pastorzinho de ovelhas. Mas que poder tinha esse menino! Como ele pôde matar um urso, um leão e depois um gigante?

Eu e você podemos e somos como Davi; temos o poder para destruir todo problema, toda dificuldade, toda doença, toda luta financeira, toda angústia, toda depressão e toda ansiedade. Esses são nossos ursos, nossos leões, nossos gigantes de hoje. Existe um GRANDE SEGREDO para vencermos qualquer um deles, por isso precisamos de conhecimento. Davi usava o nome do Senhor dos exércitos. Ele tinha conhecimento de quem ele era. Ele sabia os segredos para vencer. Porque, para alguém ir lutar com esses GRANDES ANIMAIS, tinha que saber que iria vencer, pois enfrentar significava morrer também.

Hoje estamos morrendo por não conhecer, por não saber quem somos em Cristo. A Bíblia explica tudo o que devemos fazer e como devemos fazer. Também existem muitos outros livros inspirados pelo Espírito Santo escritos por aí, que nos ensinam e nos mostrando as armas que temos nas mãos para lutarmos contra nossas adversidades, mas nossa preguiça e nosso comodismo nos impedem de rompermos na vida.

Hoje convido você a sair do comodismo e procurar informações sobre esse Deus de Davi, que o ensinou como vencer na vida. Através de Deus, Davi saiu do curral para o palácio real. E você acha que ele não teve dificuldade? Teve muitas, assim como eu e você temos, mas ele não se entregou ao problema, levantou e foi lutar. Por isso que muitos estão morrendo. O problema estão os vencendo. As pessoas estão desistindo muito fácil; é claro que é mais fácil desistir do que lutar. Às vezes, lutar implica em levar um arranhão do urso, uma mordida do leão ou uma flechada do gigante. Mas nenhum arranhão, dentada ou flechada vai te matar, o que vai te matar será a tua desistência. Se Davi tivesse corrido, com certeza o gigante teria corrido atrás, e como ele era gigante e Davi um pequeno moço, ele teria alcançado Davi. Hoje nem eu nem você estaríamos estudando essa linda história e aprendendo grandes coisas com ela.

Então pare de se conformar com seu problema, levante, enfrente, lute e VENÇA. Deus nos fez apenas para sermos vencedores. CREIA em você, que você pode, acredite que se procurar a Deus e seus ensinamentos, você será REI, como foi o pequeno pastorzinho Davi.

Apocalipse 19:16, 1Timoteo 6:15 e em outros versículos da Bíblia, encontramos essa frase: JESUS, REI DOS REIS E SENHOR DOS SENHORES. Isso quer dizer que Ele é o maior, mas quer dizer que Ele nos deixou aqui como autoridades também, principalmente autoridade sobre nossos problemas. Não podemos nos deixar derrotar por eles.

Davi nos deixou uma grande lição: nenhum problema deixou esse homem prostrado. Ficarmos prostrados é o mesmo que anular o poder que Deus nos deu. O que impressiona também é a coragem de Davi, não sei se tem alguém hoje que enfrentaria um urso, um leão e um gigante de verdade. Claro, não falando dos domadores, falando de pessoas como eu e você, pois é assim que era Davi.

Então, se Davi pôde vencer todos os seus problemas, nós também podemos. Não importa o tamanho, a idade, o sexo, a posição em que se está, o tipo da doença, a distância, nada disso importa. O que importa é saber que somos filhos do Rei dos Reis, daquele que nos deu autoridade, capacidade, inteligência e estratégias para vencermos. E venceremos. O GRANDE SEGREDO aqui é termos conhecimento de quem somos.

"Eu, o Senhor, esquadrinho o coração, eu provo os pensamentos e isto para dar a cada um segundo o seu proceder, segundo o fruto das suas ações. Porque o Senhor é quem pesquisa todos os corações e examina as intenções mais profundas, de forma a poder dar a cada um a recompensa que merece, de acordo com as suas ações, com o modo como vive." Jeremias: Cap. 17, Vers. 10.

Engraçado! Quantas vezes lemos a Bíblia e nem nos damos conta do que estamos lendo? Neste versículo, Deus é muito claro: Primeiro, Ele examina detalhadamente a nossa mente. Na Bíblia, coração é uma variante de mente. Depois, Ele prova os nossos pensamentos e faz isto para dar a cada um segundo a sua maneira de agir, segundo o fruto das suas ações ou segundo tudo o que você faz.

Nossa, que lindo isso! Mas, talvez, podemos estar em problemas, porque, para quem não sabe, esse mundo é regido por leis. Deus é tão organizado que deixou tudo aqui funcionando direitinho para nós, através de leis. Por exemplo, tudo o que você semeia, colherá. Assim, se você semeia boas obras, colherá boas coisas; se semeia generosidade, colherá generosidade; se semeia amizade, colherá amigos; se você semear encorajamento a seus filhos, eles colherão autoestima; se você semear verdade, colherá credibilidade. Comece a ser um pacificador e você colherá paz em seu lar. Essas são apenas algumas das leis, e Deus nos vigia de muito perto, Ele esquadrinha a nossa mente e observa tudo o que pensamos, então Ele nos dá segundo o que pensamos, como procedemos e fazemos.

Então, primeiro temos que vigiar nossos pensamentos, vigiar nosso proceder e vigiar nossas ações. Porque, se pensamos em algo, logo executamos isso. Exemplo: é calor e você pensa: hummm, uma melancia geladinha agora seria muito bom. Você não vai demorar para ir ao mercado comprar uma deliciosa melancia, pôr na geladeira e depois comer.

É mais ou menos isto que Deus está falando neste versículo. É assim que acontece com o adultério: primeiro o pensamento, depois o convite e depois o agir. Tudo começa com o pensamento, e Deus fala que dá de acordo com o que você pensou. Mas tudo tem consequência, boa ou ruim. Por isso a importância de vigiarmos nossos pensamentos todos os dias, todas as horas e todos os minutos. Porque a lei que existe na terra e é imutável, vai se cumprir. Tudo o que você quer, você terá, seja boa ou ruim, depende da sua escolha. Esse versículo diz que Deus dá a cada um segundo seu proceder, então Deus dá para todos. Não está dizendo que Deus atende apenas uns e não outros. Deus dá a todos segundo seu proceder.

Podemos perceber agora que todo problema que já enfrentamos ou que estamos enfrentando, foi por causa de um pensamento que tivemos. Através deste pensamento, tivemos uma ação e a ação causou o que estamos passando hoje. Aqui está outro GRANDE SEGREDO de Deus. Então te convido a vigiar seu PENSAMENTO, SEU PROCEDER E SUA AÇÃO.

Segredo 11

"O coração alegre é como o bom remédio, mas o espírito abatido seca até os ossos.". Provérbios 17:22

Saúde mental, emocional e física são as maiores preocupações do nosso mundo estressante. À medida que a ciência e a tecnologia avançam, aprendemos mais sobre a complexa interação entre os aspectos mental, emocional, espiritual e físico da vida. É encorajador ver que o Senhor falou a respeito dessa interação há milhares de anos. A Bíblia foi a primeira a registrar que o coração alegre e corajoso é capaz de promover a cura de enfermidades graves e ameaçadoras.

A Bíblia fala que um coração alegre é remédio para o corpo e, como eu conheço muitas pessoas, posso observar que uma pessoa feliz, de bem com a vida e agradecida é muito mais saudável do que uma pessoa murmuradora, de constante mau humor, de baixa estima. Por isso a importância de acordarmos de bem com a vida. Mesmo que as coisas estejam difíceis, mesmo que você esteja passando por algum problema, esteja feliz, esteja alegre, esteja agradecida (o). Agindo assim, nenhuma doença chegará até você. Esse é um GRANDE E MARAVIHOSO SEGREDO.

Como tem pessoas que sofrem por causa de seu estado emocional! As pessoas se deixam abater muito facilmente hoje, talvez por causa da falta de tempo para elas mesmas, principalmente as mulheres. Hoje, muitas delas são as mães, os pais, as provedoras, as protetoras, trabalham fora de casa, trabalham em casa com as tarefas domésticas, estudam... É uma carga muito grande e isso acaba abatendo o espírito, deixando-as tristes, muitas vezes desencorajadas de cuidarem de si mesmas. E isso vai deixando-as doentes, doentes da alma, de corpo e de espírito. Precisamos acordar para vermos como está nossa vida, nossa rotina, nossa saúde e nosso estado emocional. Muitas vezes, só nos resta orar a Deus que nos dê forças para continuar. E Deus nos pede apenas para procurarmos ser felizes e corajosas(os). Porque se a nossa tristeza, além de não nos estar ajudando, acaba nos deixando doentes, vamos sorrir. Assim fazendo, ao menos saúde teremos em abundância. PENSE NISSO. É claro, isso é difícil, mas não impossível. Ainda temos muitos motivos para sorrir. Se olharmos para o lado, veremos acontecer coisas piores do que vivemos. Não perca o foco, pois, para se ter uma vida boa, nossa saúde precisa estar boa.

Vivendo aqui nos Estados Unidos, dá para ver o quanto as pessoas trabalham, umas para poder voltar para o Brasil um dia, outras para comprar tudo o que esse maravilhoso país nos proporciona. Muitas vezes as pessoas passam dos limites, abusando do corpo. Nosso corpo tem limites e, quando abusamos dele, uma luzinha vermelha acende. Muitas vezes, quando percebemos essa luzinha, já é tarde. Muitos gastam a saúde para ter dinheiro e depois gastam todo o dinheiro para ter de volta a saúde, mas às vezes é tarde. Temos que trabalhar sim, mas com alegria no coração, felizes e de bem com a vida. A grande maioria é infeliz com o que faz, apenas faz pelo dinheiro que recebe pelo trabalho. Mas não é isso que gostariam de fazer, então o coração se entristece e a doença se aproxima. Precisamos fazer aquilo para o qual fomos chamados.

Se estamos dentro do nosso propósito, do nosso chamado neste mundo, estaremos sempre felizes.

Às vezes você se pergunta: mas qual é o meu chamado nesse mundo? Vou fazer uma brincadeira muito séria com você; preste atenção. O que você gostaria de fazer, qual trabalho você gostaria de ter se dinheiro não existisse? Pense antes de responder, não tenha pressa, sei que está pensando. A sua resposta é o seu chamado. Pode ser uma coisa louca para você, mas quando souber desta resposta, você conhecerá teu chamado e a tua providência para sua vida este é no seu chamado. É claro que você não vai largar o que está fazendo para cumprir o seu chamado, eu sei disso. Isso é loucura para muitos, mas posso te dizer que é a mais pura verdade. Ou por que você acha que está desgostoso com seu trabalho? Por que você acha que, na hora de levantar para ir trabalhar, você fica desanimado?

E não diga que, se você pudesse, apenas dormiria ou nunca trabalharia. Tente ficar um mês dormindo dia e noite ou fique um ano sem trabalhar. Você ficará louco, porque nascemos para produzir, você nasceu para produzir algo, não para ser uma ameba ambulante. É por isso que ficamos tristes quando estamos doentes. Estamos fora do nosso propósito, do nosso chamado. Então, se você ainda não está no seu propósito, ainda assim, fique alegre. Seja corajoso, seja forte, para ao menos ter saúde e, quem sabe um dia, você consiga alcançar o seu propósito.

Segredo 12

"Dizendo-lhes: Se vocês derem atenção ao Senhor, o seu Deus, e fizerem o que ele aprova, se derem ouvidos aos seus mandamentos e obedecerem a todos os seus decretos, não trarei sobre vocês nenhuma das doenças que eu trouxe sobre os egípcios, pois eu sou o Senhor que os cura". Êxodo 15:26

Esta era uma promessa de Deus para os Israelitas, mas hoje é para mim e para você. Por isso hoje existem tantas doenças, tantas enfermidades incuráveis. Só há uma resposta para isso tudo: D E S O B E D I Ê N C I A, falta de temor ao Senhor, falha em observar seus mandamentos. Não existe outra resposta para as coisas ruins da vida.

Alguns dias atrás, fomos orar por uma pessoa que estava com câncer. Oramos, sua igreja orou, ela acreditou na palavra de Deus e foi curada. Mas oramos por outra pessoa também, ele não acreditava em Deus, não temia a Deus e, infelizmente, não teve a cura.

Temos duas opções: ou acreditamos no que a Bíblia fala e seremos sarados, ou perecemos. Tudo está em nossas mãos, nem nas mãos de Deus nem nas mãos do inimigo das nossas almas. Neste versículo, como em muitos outros, Deus deixa uma condicional para nós, e a condicional é: SE você der atenção a Deus, SE você fizer o que Ele aprova, SE der ouvidos aos seus mandamentos, SE obedecer a todos os seus decretos... SE você fizer assim, não trarei sobre você nenhuma doença. Parece até que Deus é mau, não é? Mas não é, porque se Deus deixasse esse mundo lindo sem regras e sem leis, esse mundo já teria se destruído sozinho.

Porque o ser humano é um ser muito problemático, invejoso, raivoso, ignorante, insensível e maldoso. Mesmo com leis o mundo está assim, imagina se não existisse m leis, o que seria desse mundo?

Deus ama o mundo, Ele quer o melhor para o ser humano, mas o ser humano também tem que querer isso. Deus também deixou o livre arbítrio, que é para o ser humano ter a liberdade de querer o bem ou o mal para sua vida. Precisamos ser inteligentes e escolher o bem, fazer o bem, esperar o bem, andar no caminho certo, fazer as coisas certas, obedecer aos mandamentos que Deus deixou para podermos ter uma vida melhor.

Então DÊ atenção a Deus, FAÇA o que Ele aprova, DÊ ouvidos e OBEDEÇA Aquele que te escolheu para vencer. Você pode ser um vencedor, mas existe m regras para isso e aqui estão algumas preciosas regras. Por isso, quando chegarmos diante de Deus, não teremos desculpas. Ele deixou os mandamentos e as leis, e agora você já as conhece. Siga em frente com essas leis e você experimentará uma nova vida, em nome de Jesus.

O problema é que não queremos regras para viver, não queremos regras para obedecer, queremos fazer o que queremos, como queremos e na hora em que queremos. E, no íntimo, nós sabemos que precisamos de regras, de limites, de estatutos e de leis. Às vezes, somos como animais selvagens: Deus precisa usar de força para nos domesticar, por causa da nossa natureza rebelde. Penso que isso é uma pitada que o inimigo conseguiu deixar no nosso DNA.

A vida seria mais tranquila se houvesse mais respeito pelos "SE" do Senhor, há algo dentro de nós que nos desafia para negligenciarmos isso. É uma coisa doida, porque na maioria das vezes, para não dizer todas as vezes, sabemos o que é certo e o que é errado. Somos dotados de uma inteligência que só cabe aos seres humanos. Existem animais que até são inteligentes, mas nunca vi nenhum deles construir um carro, um avião ou uma motocicleta. Os "SE " de Deus foram criados para que eu e você, obedecendo, possamos nos diferenciar dos outros. Há diferença naqueles que obedecem os "SE ". SE der atenção a Deus, SE fizer o que Ele aprova, SE obedecer os seus mandamentos, SE obedecer aos seus decretos...

Deus nem pede coisas difíceis, aliás, são fáceis demais. Acho que nosso lado intelectual não aceita coisas assim, tão fáceis, e por isso complicamos nossa vida. Afinal, o que nos chama atenção são apenas coisas difíceis e complicadas, mas Deus é simples, Ele só quer nossa obediência, tão pouco.

O GRANDE SEGREDO aqui é obedecer a Deus e respeitar as Suas condicionais.

Segredo 13

"O Senhor dos Exércitos jurou, dizendo: Como pensei, assim sucederá, e como determinei assim se efetuará". Isaías 14: 24

Aqui está outro GRANDE SEGREDO ou revelação de Deus para nossas vidas: Deus fala que, da forma como Ele pensou e determinou, assim sucedeu. Quando você pensar em algo que quer que aconteça e determinar com fé e confiança, assim sucederá. Esse é o mistério. Leia o capitulo 14 todo para você entender.

Deus estava se levantando contra um povo e deu a receita da sua vitória sobre ele. Muitas vezes, lemos as coisas e não entendemos, mas a revelação desse versículo é muito grande. Se o próprio Deus precisou pensar, determinar e assim aconteceu, por que eu e você não fazemos assim também? Sabe por quê ? Porque não tínhamos essa revelação. Se você não acredita muito na Bíblia, estude um pouco e veja o que a ciência fala a respeito do pensamento.

O nosso problema é que não estudamos nem a Bíblia, nem a ciência, nem outras coisas que estão aí para entendermos como funcionamos. Há poder em pensar e determinar. Se não houvesse poder, esse versículo não estaria aí. Deus é o todo poderoso, Ele poderia ter usado outra técnica, mas não foi isso que aconteceu. A Bíblia diz que Deus pensou e determinou. Então, façamos uma coisa: vamos pensar no que queremos, determinar e crer que assim será. Mas preciso lhe dizer algo antes: isso não será fácil, porque nossa mente não está pronta para ser controlada, ela quer nos controlar. Então, se você vai pensar na solução do seu problema, lá vêm as dúvidas da mente... Mas será? Será que isso funciona? Será que conseguirei? Isso é terrível, mas é assim que nossa mente faz conosco. Por isso, você terá que ser persistente em seus bons pensamentos, terá que pensar em você já conseguindo o que quer. Mas pense e queira coisas boas. Queira sua salvação, queira uma boa casa, queira um bom esposo (a), queira um bom trabalho. Temos cerca de 50 a 60 mil pensamentos por dia, e de quantos você se lembra agora? Talvez uns 10, mas e o resto? Será que foi você quem pensou? Mas quem pensou afinal? Tem um ditado popular que diz: mente vazia, oficina do diabo. Então ele pode estar pensando umas coisinhas por você. E, às vezes, o Espírito Santo também sopra uns pensamentos em sua mente. Enquanto for você e o Espírito Santo que estão pensando, tudo bem, mas e quando for o diabo?

Pense um pouco, quando você está executando um trabalho que não exige concentração, às vezes não tem que voltar e verificar se realmente o fez? É nessas horas que é perigoso. Eu creio que é nessa hora, quando seu pensamento não está com você, que ele fica suscetível às sugestões de satanás. Fique acordado o dia inteiro, porque nessas horas ficamos como dormindo acordados. Olhos abertos mexendo aqui e ali, mas o pensamento desligado do seu corpo. O pensamento é uma arma muito forte quando usada por nós, quando usada por satanás e pelo Espírito Santo também. Cada um tem um tipo de poder, tanto para o bem, como o Espírito Santo pensando por nós, tanto para o mal, quando satanás está usando. Quando nós usamos, há os dois poderes juntos, depende qual deles você está alimentando mais. Comece a pensar e determinar coisas boas, e assim sucederá.

Segredo 14

"Todos os mandamentos que hoje vos ordeno, guardareis para os cumprir; para que vivais, e vos multipliqueis, e entreis, e possuais a terra que o SENHOR jurou a vossos pais e te lembrarás de todo o caminho, pelo qual o Senhor teu Deus te guiou no deserto estes quarenta anos, para te humilhar, e te provar, para saber o que estava no teu coração, se guardarias os seus mandamentos, ou não, e te humilhou, e te deixou ter fome, e te sustentou com o maná, que tu não conheceste, nem teus pais o conheceram; para te dar a entender que o homem não viverá só de pão, mas de tudo o que sai da boca do Senhor viverá o homem. Nunca se envelheceu a tua roupa sobre ti, nem se inchou o teu pé nestes quarenta anos. Sabes, pois, no teu coração que, como um homem castiga a seu filho, assim te castiga o Senhor teu Deus. E guarda os mandamentos do Senhor teu Deus, para andares nos seus caminhos e para o temeres. Porque o Senhor teu Deus te põe numa boa terra, terra de ribeiros de águas, de fontes, e de mananciais, que saem dos vales e das montanhas; terra de trigo e cevada, e de vides e figueiras, e romeiras; terra de oliveiras, de azeite e mel. Terra em que comerás o pão sem escassez, e nada te faltará nela; terra cujas pedras são ferro, e de cujos montes tu cavarás o cobre."
Deuteronômio 8:1-9

Neste capítulo, há outro SEGREDO, outra revelação de Deus para nossas vidas. No versículo 1, Deus fala para termos cuidado em obedecer toda a Sua lei (mandamentos), para que vivamos, multipliquemo-nos e tomemos posse das bênçãos que Ele nos promete.

No versículo 2, Deus fala que nos conduz ao e no deserto. Quantas vezes estamos no deserto, Deus permite sermos humilhados e nos coloca à prova? E nós, muitas vezes, não entendemos o porquê, mas existe um propósito para todo sofrimento. Deus nos prova para saber qual a intenção que está em nosso coração, Ele quer saber se, mesmo na dificuldade, vamos obedecê-lo.

No versículo 3, Ele diz que deixou o povo ser humilhado e até passar fome, mas depois Ele sustentou com maná esse povo que a Bíblia está falando. Maná era um alimento que o povo nunca tinha experimentado antes. Deus tinha algo especial, se eles permanecessem crendo no Senhor. Deus queria o melhor para aquele povo, mas o povo era de dura cerviz. Então Deus tinha que tratar com eles, discipliná-los, e conosco não poderia ser diferente, por isso os desertos e as lutas que passamos. Deus tem uma lição para nossas vidas. Porque Ele tem algo para nos dar que nunca ninguém antes provou, mas temos que passar pela prova.

No versículo 4, diz que as roupas deles não se gastavam e seus pés não inchavam. Trazendo isso para a minha vida, já estive no deserto e, quando lá estava, eu não tinha condições de comprar minhas roupas, mas eu sempre ganhava. Sempre ganhei muitas roupas, por isso entendo esse versículo, assim mesmo acontecia com os calçados.

No versículo 5, Deus fala que o Senhor nos disciplina, assim como disciplinamos nossos filhos. Quando seu filho está fazendo algo errado, você não o corrige? Seu filho quer tanto um carro, por exemplo, e você sabe que ele não tem idade ainda para ter um. Você vai ensiná-lo a dirigir, vai falar sobre as leis de trânsito a ele e vai observá-lo até chegar a idade que possa ter um carro. Você sabe que antes ele precisa aprender a dirigir, com você junto, é claro, observando se ele terá a capacidade de dirigir um carro. Se ele aprende direito, se ele já conhece todas as leis e as respeita, aí então você sabe que está pronto para ter seu próprio carro. Assim é Deus conosco. Se nós passarmos pela prova, o que Deus tem para nós é o que está escrito nos versículos 7, 8 e 9: Ele tem para nós uma terra boa, cheia de riachos e tanques d'água, de fontes que jorram nos vales, terra de trigo e cevada, figueiras, romãzeiras, azeite de oliva e mel. Terra onde não faltará pão e onde não faltará nada, terra onde as rochas têm ferro e as colinas têm cobre.

Aqui Deus fala de muita prosperidade também. Hoje em dia, é muito criticado o evangelho da prosperidade. É claro que tem homens que abusam desse evangelho, não discordo disso. Mas um evangelho da prosperidade pregado com sabedoria, engrandece o reino de Deus, porque não servimos um Deus pobre, mendigo, que mora debaixo da ponte, que não tem coisas boas para oferecer. Ao menos eu não sirvo um Deus assim, o meu Deus é rico, poderoso, inteligente, criador, amigo. E Ele quer que tenhamos tudo o que Ele tem e que sejamos tudo o que Ele é. Não existe vida boa se você não for próspero, você não pode ter conhecimento se não for próspero. Você não pode dar coisas boas para sua família se não for próspero. Você não pode ajudar as pessoas se não for próspero.

Tudo depende de dinheiro, e tem pessoas que não gostam que o pastor fale desse assunto, porque senão está pregando sobre prosperidade. A Bíblia fala 205 vezes sobre a fé, 208 vezes sobre a salvação, 2058 vezes sobre o dinheiro ou algo relacionado a dinheiro. E agora o povo é contra você pregar sobre dinheiro?

Temos que ser testemunhos do reino de Deus aqui na terra, mas como vamos testemunhar se não vivemos? Prosperidade envolve todas as áreas de nossa vida. Até para levar a palavra de salvação você precisa de dinheiro. Ou você consegue andar 100 quilômetros se, por exemplo, sabe de uma família que mora em outra cidade e está precisando ouvir a palavra do Senhor, mas você não conhece ninguém lá, para pedir que vá até essa família? Então você tem um carro, mas precisa por gasolina, está vendo? Tudo envolve dinheiro. É claro, a Bíblia fala que o amor ao dinheiro é que destrói a pessoa.

Através deste texto que acabamos de ler, Deus é claro que só tem coisas grandes para quem estiver com Ele e fizer a Sua vontade. Tem gente que não quer ser crente por causa da miséria em que muitos crentes vivem. E Deus tem bênçãos suficientes para cada crente que existe na Terra, como tinha para esse povo que saiu do Egito. Precisamos saber o que Deus tem para nós, para crermos e conseguirmos. O GRANDE SEGREDO aqui é que Deus tem algumas exigências para entrarmos na terra prometida, e neste texto você descobrirá quais são.

Segredo 15

"Disse Jesus: Tirai a pedra. Marta, a irmã do defunto, disse--lhe: Senhor, já cheira mal, porque é já de quatro dias. Disse--lhe Jesus: Não te hei dito que, se creres, verás a glória de Deus? Tiraram, pois, a pedra de onde o defunto jazia. E Jesus, levantando os olhos para cima, disse: Pai, graças te dou, por me haveres ouvido. Eu bem sei que sempre me ouves, mas eu disse isto por causa da multidão que está em redor, para que creiam que tu me enviaste. E, tendo dito isto, clamou com grande voz: Lázaro, sai para fora. E o defunto saiu, tendo as mãos e os pés ligados com faixas, e o seu rosto envolto num lenço. Disse-lhes Jesus: Desligai-o, e deixai-o ir. Muitos, pois, dentre os judeus que tinham vindo a Maria, e que tinham visto o que Jesus fizera, creram nele. Mas alguns deles foram ter com os fariseus, e disseram-lhes o que Jesus tinha feito." João 11:39-46

Existe uma pedra em nossas vidas que precisamos remover para que Deus faça o milagre. Todos nós estamos precisando de um milagre, de uma ressurreição em nossas vidas. Talvez seja seu cônjuge, seu filho, sua saúde, sua situação financeira ou sua vida espiritual. Algo precisa ressuscitar em nossas vidas, mas tem uma pedra impedindo Deus de fazer a ressurreição acontecer.

O que é, eu não posso falar, porque isso é pessoal, isso é seu, mas em tudo tem que haver o nosso primeiro passo, tudo está em nossas mãos. Se Marta não tivesse tirado a pedra, quem sabe talvez Jesus não continuasse seu trabalho? Então, entendemos que Deus precisa da nossa participação para fazer o milagre em nossas vidas, precisa que você retire a pedra para que o seu Lázaro saia para fora. Para que seu problema seja resolvido, para que a vida volte, para que a alegria volte, para que a saúde volte, para que seu filho volte, para que seu cônjuge volte. Identifique onde está a pedra em sua vida, ou qual a pedra que está impedindo seu milagre. Ela existe e está lá; Deus está esperando que você a tire, para que Ele entre com a provisão. Ele está ansioso para te ajudar, mas primeiro você terá que ajudá-lo. A pedra pode ser grande, pesada, áspera, mas o importante é que Marta conseguiu retirá-la e você também CONSEGUIRÁ. O mover da pedra era para Marta fazer, mas a ressurreição era para Jesus fazer. Jesus estava fortalecendo a fé de Marta e daqueles que estavam perto.

Às vezes, Deus resolve nosso problema também para fortalecer a fé dos que estão ao nosso lado, para que creiam de verdade N'Ele. A sua pedra talvez seja falta de fé, falta de coragem; sua pedra talvez seja o medo, a ansiedade, sua baixo estima, sua falta de confiança em si mesmo; a sua pedra talvez seja falta de persistência, você desiste muito fácil; sua pedra pode ser muito ciúme, pode ser falta de compromisso com a igreja e com Deus. Poderia deixar aqui milhares de tipos de pedras que podem estar impedindo Deus de agir em sua vida.

Então pare e a identifique, e não só identifique, mas retire, para Deus poder agir. Esse é o GRANDE SEGREDO: retire a pedra.

Segredo 16

"Então disse Deus: "Façamos o homem à nossa imagem, conforme a nossa semelhança". Domine ele sobre os peixes do mar, sobre as aves do céu, sobre os grandes animais de toda a terra e sobre todos os pequenos animais que se movem rente ao chão". Gênesis 1:26

Neste versículo, Deus é claro sobre algo: Ele mandou que dominássemos os peixes, as aves, os grandes animais e sobre todos os que se movem rente ao chão, enfim, Deus mandou que dominássemos a terra.

No Salmo 72:8, a palavra também fala: "dominará de mar a mar, e desde os rio s até as extremidades da terra".

O que significa dominar, segundo o dicionário?

Ter o domínio

Ter autoridade ou poder sobre.

Reprimir.

Subjugar, vencer.

Preponderar.

Conter-se.

Será que estamos tendo domínio sobre tudo o que está sobre a terra ou será que estamos sendo dominados?

Temos que ter domínio sobre tudo o que está sobre a terra. Existe uma planta em cima da terra que domina muita gente: a cocaína. Quantos estão dominados por esta plantinha, quantos fumantes sendo dominados! Tem outras plantinhas dominando muitos homens: a uva, a cana, enfim, o álcool. E não fomos criados para sermos dominados, fomos criados para dominar. Há muitas outras coisas em nós que precisam ser dominadas para que possamos ter uma vida melhor. Nosso ego precisa ser dominado, nossa mente precisa ser dominada, nossos pensamentos precisam ser dominados, nossa essência precisa ser dominada. Você precisa ter domínio sobre seus sentimentos, domínio sobre o curso de sua vida, domínio sobre seus desejos, domínio sobre o medo, domínio sobre suas decisões, atitudes, julgamentos. Há muitas pessoas que, em vez de ter domínio próprio, tem demônio próprio.

Enfim, domínio é o segredo desse versículo, precisamos ter o domínio em nossas mãos. Esse é o mandamento deste versículo poderoso: "dominai a terra e sujeitai-a". Deus deu a terra para nós, e o que estamos fazendo aqui? Temos autoridade em nossas mãos, poder em nossas mãos. A terra está como está porque quem Deus deixou aqui para cuidar a terra está dominado. E quem está dominado, não consegue fazer nada que precisa fazer.

Então te convido hoje a se levantar e tomar seu lugar de dominador, não de dominado; de vencedor, não de perdedor; de poderoso, não de fraco. Deus colocou o homem para dominar. Não os animais, não os peixes, não as aves, não as plantas. Ele está esperando que você governe a terra com poder, com autoridade e com DOMÍNIO.

Muitos são dominados pela angústia, pela depressão, pela falta de recursos, pela mídia – essa é a que mais domina, ela quem dita as regras –, como a televisão. O que passa na televisão distorce muitas vezes as regras deixada s por Deus para que fôssemos dominadores.

Os grandes por detrás da televisão querem dominar o ser humano, ditando moda, maneira de agir, maneira de viver, maneira de se comportar. Deus, em nenhuma vez, mandou que dominássemos o ser humano. Mas os culpados por estarmos sendo dominados somos nós mesmos, assistindo ao que não devemos assistir, lendo o que não deveríamos ler, indo a lugares onde não deveríamos ir. Devagar vamos perdendo a identidade, o domínio, por isso muitas vezes estamos fracos, desanimados, doentes, porque não fomos feitos para sermos dominados, e estamos sendo.

Quando aprendermos a dominar, seremos tudo o que Deus planejou que fôssemos. Conquistaremos a terra, mas antes de conquistarmos a terra, temos que conquistar a nós mesmos. Dominar a nós mesmos. Existe um poder de domínio dentro de nós que o próprio Deus colocou, mas este poder foi roubado das pessoas. Foi roubado no momento em que você começou a aceitar as coisas que o mundo lhe impõe como certo, como bonito, como moda.

Mude sua vida, tenha domínio, este é aqui o GRANDE SEGREDO.

Segredo 17

"Depois disse o SENHOR a Noé: Entra tu e toda a tua casa na arca, porque tenho visto que és justo diante de mim nesta geração". Gênesis 7

Se você lê a bíblia, já conhece a história da Arca de Noé. Neste versículo, Deus fala que viu que Noé era um homem justo. Fico pensando, se Deus olhasse para a terra hoje, será que Ele encontraria um justo como Noé? Este mundo está tão corrompido, tão violento, tão desacreditado, que acho que seria difícil Deus achar um justo. Alguém que fizesse a loucura que Noé fez: construir uma arca. Naquele tempo, nem sequer chovia, a água saía de debaixo da terra e molhava a superfície.

Noé pregava para o povo se converter, e o povo ria dele, tirava sarro, falava que ele estava louco, mas ele ficou firme até o fim e construiu um barco enorme seguindo todas as instruções de Deus. Noé ficou cento e vinte anos construindo a arca e, um dia, tudo o que ele pregava, aconteceu. Fico imaginando quando a porta se fechou e os primeiros pingos d'água começaram a descer do céu. Fico imaginando o desespero das pessoas e, pior, quando as águas começaram a subir até a arca flutuar. Fico pensando em quantas pessoas bateram na porta da arca, pedindo para Noé abrir. Que desespero! Mas já era tarde, as pessoas tiveram cento e vinte anos para se converterem e ninguém quis, por isso morreram todos. E hoje? Faz quanto tempo que você ouve esta frase: JESUS ESTÁ VOLTANDO. Eu ouço desde que nasci, e já tenho quarenta e sete anos. Apesar disso, eu estou me preparando, eu acredito que Jesus vai voltar, não sei o dia, mas sei que, como chegou a chuva, vai chegar a hora de Jesus vir e buscar os seus.

Penso que serão poucos os que vão subir, bem como foram poucos nos tempos de Noé. Para ser mais exato, apenas uma família, a família de Noé. E hoje, quantos será que vão subir com Jesus? Será que estamos aceitando as pregações ou estamos rindo e caçoando de quem está pregando esse grande dia? No tempo de Noé, ninguém acreditava. Nos tempos de hoje, uma minoria também está levando a sério isso.

Minha advertência é: PREPARE-SE, ELE ESTÁ VOLTANDO. Não deixe a porta se fechar, queira entrar na arca antes que caia o primeiro pingo de chuva. Porque, depois do primeiro pingo caído, não haverá mais chances. ENTRE NA ARCA.

Hoje, acho que existem mais sinais do que naquele tempo, porque hoje existe a tecnologia que te informa sobre tudo. E, ainda, hoje temos o livro de Apocalipse na bíblia, nos explicando, nos falando dos sinais. Os sinais estão aí, todos acontecendo e, mesmo informados, estamos desapercebidos. Ou não acreditamos mesmo, como foi nos tempos de Noé.

Minha oração de todas as noites é: "Meu Deus, não me deixe aqui, nem eu, nem minha família, nem meus amigos, nem meus vizinhos. Por favor, Deus, me convença cada dia mais sobre a sua volta, em nome de Jesus". Amados, será terrível ficar aqui. Assista ao filme Deixados para Trás e você vai entender um pouco como será. O inimigo está trabalhando ferozmente nesses últimos tempos da igreja na terra. Fico imaginando o desespero da família de Noé dentro daquela arca, ouvindo os gritos das pessoas, sem poder fazer nada.

Amado, a você que está lendo essas simples palavras que aqui escrevo, uma chance está sendo dada por Deus. Se você ainda não O conhece e quer conhecê-lo e ser salvo, vá para uma igreja correndo, aceite Jesus e comece a segui-lo, porque a sua vinda está próxima e ainda há chance para você. Este é o GRANDE SEGREDO: converta-se a Ele para ser salvo.

Segredo 18

A ORAÇÃO DE JABEZ

"Foi Jabez mais ilustre do que seus irmãos; sua mãe chamou--lhe Jabez, dizendo: Porque com dores o dei à luz. Jabez invocou o Deus de Israel, dizendo: Oh! Que me abençoes e me alargues as fronteiras, que seja comigo a tua mão e me preserves do mal, de modo que não me sobrevenha aflição! E Deus lhe concedeu o que lhe tinha pedido". I Crônicas 4:9-10.

No versículo seguinte, a lista de chamada dos membros da tribo de Judá continua como se nada tivesse acontecido: "Quelube, irmão de Suá, gerou a Meir..."

Havia alguma coisa especial neste homem que foi capaz de levar o historiador a fazer uma pausa na ladainha, limpar a garganta e mudar a forma. Parece que ele está dizendo: "Ei, espere um pouco. Você precisa saber algumas coisas sobre este cara chamado Jabez. Ele está muito acima do resto!". Qual foi o segredo da reputação duradoura de Jabez? Você poderá procurar em todas as páginas da bíblia, como eu já fiz, e não vai achar nenhuma outra informação além da que aparece nestes versículos:

- As coisas começaram mal para uma pessoa que ninguém conhecia.
- Ele fez uma oração comum, de apenas uma frase.
- Tudo acabou excepcionalmente bem para ele.

Está claro que o resultado pode ser atribuído à sua oração. Alguma coisa presente no pedido simples e direto que Jabez fez a Deus mudou sua vida e deixou uma marca permanente nos livros históricos de Israel: "Oh! Que me abençoes e me alargues as fronteiras, que seja comigo a tua mão e me preserves do mal, de modo que não me sobrevenha aflição".

À primeira vista, os quatro pedidos podem ser considerados sinceros, sensíveis, até mesmo nobres, mas jamais seriam chamados de notáveis. Abaixo da superfície, porém, está um poder enorme, um novo e poderoso paradigma que corre contrário à nossa maneira comum de pensar. Vamos ver o que ele pediu:

QUE ME ABENÇOES
QUE ALARGUE AS MINHAS FRONTEIRAS
QUE TUA MÃO SEJA COMIGO E ME LIVRE DO MAL
QUE NAO ME SOBREVENHA AFLIÇÃO

Que me ABENÇOES. O que quer dizer abençoado no dicionário? Quer dizer: Que recebeu bênção; feliz, próspero, venturoso. Fértil, terra abençoada. Ou seja, não devemos pedir poucas coisas, Deus tem grandes coisas para nos dar; nós não recebemos porque não pedimos e Deus só dá o que pedimos. Aprenda com Jabez a pedir, porque somos filhos de um Deus rico, poderoso e misericordioso.

Depois, ele pediu: ALARGUE MINHAS FRONTEIRAS. O que ele quis dizer com isso? Alargar, aumentar, tornar-se muitos (referindo-se a pessoas, animais, objetos). Amplie minhas fronteiras. Precisamos crescer em tudo, e era isso que Jabez queria. Crescer na igreja, no ministério, na família, na sociedade. Jabez era um homem de visão. Ele disse: "amplie meus territórios, Senhor". Procure crescer, não se acomode. Deus nos quer grandes, famosos, ricos, abençoados, saudáveis, isso é ser semelhança de Deus. E nós nos conformamos com as migalhas da vida. Não aceite mais poucas coisas, queira ser como Jabez quis um dia ser.

Depois, ele pediu QUE A MÃO DO SENHOR FOSSE COM ELE E O LIVRASSE DO MAL. Estar debaixo da mão de Deus é estar na dependência de Deus, na provisão de Deus, na benção de Deus. É estar guardado pelo Todo Poderoso. Quando estamos debaixo da mão de Deus, temos visão, projeto, sabedoria e graça. O segredo do crescimento é estar debaixo das mãos de Deus. Quando Jabez viu Deus lhe abençoando, as suas fronteiras estavam aumentando e a mão de Deus estava sobre ele, então Jabez compreendeu que o inimigo iria começar a atacar. Quando Deus começa a te abençoar e alargar as suas fronteiras, o diabo fica feroz, porque ele não gosta de perder terreno. Por isso ele envia os vendavais para derrubar a sua tenda. Por isso Jesus, na oração do Pai nosso, diz: "Me guarde do mal". Ou seja, me preserve do mal; livra-me da tentação, do mal, do pecado.

Por último: QUE NÃO ME SOBREVENHA AFLIÇÃO. O que é aflição? Aflição é: condição de quem está aflito, sofrimento causado pelo desgosto; tristeza ocasionada por alguma dificuldade. Excesso de preocupação; ansiedade ou angústia e aflições.

Meu amigo, Deus lhe reserva uma enorme quantidade de bênçãos não pedidas, todas à sua espera. Sei que isso parece impossível, até mesmo um pouco suspeito nestes dias de tanto egocentrismo. Mas é justamente esta a dinâmica, seu anseio pela plenitude que vem de Deus, que tem sido a terna vontade do Pai para sua vida desde o início dos tempos. Se, de sua parte, você cumprir uma série de compromissos fundamentais, então poderá caminhar, doravante, com confiança e expectativa de que nosso Pai celestial realizará todas estas coisas. Pense assim: em vez de ficar esperando à beira do rio, pedindo um copo com água para conseguir viver cada dia, você vai fazer algo impensável: vai pegar a pequena oração da grande recompensa e vai mergulhar no rio! A partir deste momento, você permitirá que as correntezas amorosas da graça e do poder de Deus o envolvam e carreguem para a vida que Ele preparou para você, uma vida profundamente significativa e gratificante.

Deus tem coisas grandes para nós, e nós, muitas vezes, nos conformamos com as pequenas coisas. Então agora você descobriu outro segredo de Deus para sua vida. Deus pensa em coisas grandes para nós e, às vezes, nós pensamos somente em coisas pequenas. Deus tem bênçãos em abundância para nós, TOME POSSE DAS SUAS. Deus concederá exatamente o que você pedir, como concedeu a Jabez. O GRANDE SEGREDO AQUI é saber pedir. Peça como Jabez pediu, não tenha medo ou vergonha de pedir as grandes coisas a Deus, Ele quer te ver feliz.

"Ora, a fé é a certeza daquilo que esperamos e a prova das coisas que não vemos". Hebreus 11:1

Quantas dúvidas a respeito da fé: o que é a fé, como ter fé? Esse versículo fala tudo a respeito da fé. Fé é a certeza daquilo que esperamos. Precisamos ter certeza de que vamos conseguir aquilo que queremos, mas como? Eu penso que a fé é assim: vamos imaginar agora que seu sonho é ter uma fazenda; então vamos lá para a fazenda, imagine você chegando nela, entrando por aquela estrada, toda cheia de árvores dos dois lados, formando um túnel. Se imagine passando debaixo daquelas árvores, sinta o cheiro do verde, imagine você chegando na casa. A casa é toda branquinha, com varandas ao redor. Nessa varanda, você tem cadeiras de balanço para sentar no fim da tarde. Agora você estaciona seu carro na frente da casa, desce do carro, pega a chave da casa, coloca na fechadura, abre a porta e entra. Na entrada, há uma linda sala, onde flores decoram o ambiente. Você anda mais para dentro e encontra uma linda sala de jantar, toda muito bem mobiliada. Imagine os móveis, os detalhes. Agora você vai à cozinha; imagine a cozinha dos seus sonhos, com móveis e decoração do seu gosto, imagine exatamente como você gostaria que fosse. OK, hora de voltar aqui. Eu chamo de fé essa viagem que fizemos até a fazenda, à casa dos seus sonhos. Fé é trazer à existência aquilo que não existe. Fé é imaginar o que você quer. Imagine a sua fazenda, sua casa, seu carro, seu esposo, sua esposa, sua viagem. Comece, através da imaginação, a trazer à existência as coisas que você quer que aconteça como se já tivesse acontecido, isso é fé. Não existe outra maneira de trazer as coisas que não existem à existência senão através da imaginação.

É tão fácil, que por ser tão fácil entender a fé, nós complicamos. Mas a fé é apenas viajar para o futuro através da sua imaginação, do seu pensamento. Então comece a imaginar o que você quer e espere que vai acontecer. Tenha fé, Deus ama quem tem fé. Deus ama quem acredita que vai ter, mesmo que não tenha. Deus ama quem consegue ver, além das dificuldades, a sua vitória. Comece a exercitar a sua fé através de trazer à existência aquilo que não existe. Sonhe, imagine e pense naquilo que você quer, e algo começará a acontecer, esse é o segredo deste versículo.

Um dia, um grande cientista chamado Albert Einstein falou: A imaginação tem mais poder que o conhecimento. Esse homem era muito inteligente e cria em Deus, não foi à toa que ele disse isso. Há um poder quando imaginamos as coisas. Esse livro que você está lendo, primeiro surgiu na minha imaginação e depois eu coloquei as letras no papel. Eu fico pensando que o próprio Deus antes imaginou o mundo e, depois, o criou. Então como que conosco seria diferente ? Se somos filhos d'Ele, imagem e semelhança d'Ele? Eu posso até estar errada, mas, no meu conceito, é isso que é a fé. Comece a praticar, agora que você sabe como fazer. IMAGINE.

Este é o GRANDE SEGREDO deste versículo: "trazer à existência aquilo que não existe, como se já existisse".

"E disse o Senhor a Satanás: Observaste o meu servo Jó? Porque ninguém há na terra semelhante a ele, homem sincero e reto, temente a Deus, desviando-se do mal, e que ainda retém a sua sinceridade, havendo-me tu incitado contra ele para o consumir sem causa." Jó 2:3

Você gostaria de agradar o coração de Deus? Você quer deixar Deus satisfeito com sua vida? Eu aposto que sua resposta é SIM. Na Bíblia, há muitos homens que agradaram a Deus, mas Jó, além de agradar, produziu muita confiança em Deus. Num sentido figurado, Deus falou a satanás que colocaria a mão no fogo por ele.

Será que hoje Deus poderia colocar a mão no fogo por mim e por você? Será que a mão de Deus não queimaria, se Ele enfrentasse satanás a seu favor? O que há de tão especial em Jó? Vamos aprender agora o segredo para agradar a Deus e como deveríamos ser para que Ele pudesse pôr a mão no fogo por nós.

Neste capítulo texto de Jó, a Bíblia nos mostra quatro características de uma pessoa que agrada a Deus.

Primeiro: Deus diz que Jó era sincero. Não importa o que você já fez, não importa o que você vai falar, Deus não olha palavras bonitas, Deus não olha para a aparência, mas Ele vê um coração sincero. Sabe, muitas vezes a gente passa por momentos de crises, por momentos que não temos vontade de orar, que pensamos que tudo está perdido, que nossos sonhos estão muito longe e não sabemos nem como chamar o nome JESUS! Mas, se você chegar diante do nosso Pai, com um CORAÇÃO SINCERO e em lágrimas, e sussurrar: "ME AJUDA, SENHOR", com toda a sua FÉ, Deus rasga os céus e vem ao seu favor. Eu vivo isso! Sinceridade é algo que Deus procura hoje nas pessoas, mas em poucas encontra. Temos que chegar diante de Deus e conversarmos com ele, temos que assumir nossas falhas, nossos erros, nossas dificuldades e nossa falta de fé. Não podemos fazer como Adão, que colocou a culpa em Eva, e Eva na serpente, e nenhum foi sincero com Deus. Deus ama nossa sinceridade com os outros e, principalmente, com Ele.

Segundo: Deus diz que Jó era reto. Ser reto é ser íntegro, é ser inteiro! Jó tinha essa característica, ele não era dividido em seus pensamentos e atitudes. Ele era coerente. Temos que ser desta forma, íntegros em nossos relacionamentos com Deus e com as pessoas. Mas o problema, muitas vezes, reside no fato de que queremos relativizar tudo, tudo depende, tudo pode, tudo pode virar gospel... muito cuidado, pensem! Seja íntegro: é sim, sim, ou não, não. Jó sabia dos princípios de Deus e os cumpria perfeitamente. Da sua geração, ele era o único. Uma pessoa íntegra é uma pessoa inteira, uma pessoa que deixa nas mãos de Deus todas as áreas da sua vida, ela não entrega a sua vida a Deus pela metade. Mas, infelizmente, o que vemos muito são pessoas que chegam diante de Deus ainda com reservas. Por exemplo: na minha área espiritual, profissional e financeira o Senhor pode mexer, mas, Deus, por favor, na minha área emocional, no meu namoro, nas minhas saidinhas, naquela geladinha, o Senhor não pode mexer, o Senhor não pode entrar! Isso é integridade? Nunca! Entenda! Entrega teus caminhos ao Senhor, deleita-te n'Ele e Ele concederá os desejos do teu coração. Não há mãos melhores para entregarmos nosso coração por inteiro. DEUS nunca falha, e seus caminhos são retos e de paz.

Terceiro: temer a Deus. Bem, temer a Deus não é TER MEDO de Deus! Muitas pessoas hoje têm essa noção de Deus. Elas só buscam a Deus porque têm medo de ir para o inferno ou de serem castigadas. Elas têm Deus como um Deus vingador, um Deus longe. Mas essa é uma visão errada, Deus é um Deus que está perto, que procura esta r perto de nós. Se sofremos, não é seu castigo, mas consequência de nossos pecados. Temer a Deus é respeitar, é honrar! Quando você é uma pessoa temente a Deus, você O respeita, você dá honra a Ele, em suas atitudes, em seus pensamentos e palavras. E o que há de mais bonito nisto é que há um SEGREDO neste princípio, ele traz consigo outro presente. Quando você teme a Deus, você ganha esse presente! Que presente é esse? Esse presente se chama: SABEDORIA. A palavra de Deus diz que "o temor de Deus é o principio para a sabedoria "! Quando você teme a Deus, você adquire sabedoria. Quando o seu temor é fator de decisão em tudo o que faz ou fala, você usa sabedoria nisto.

Quarto: desvia-te do mal. Jó desviava-se do mal, ele não brincava com o pecado, ele não brincava de servir a Deus. A palavra de Deus diz que temos que fugir do pecado, fugir da prostituição, fugir das paixões humanas. Na Bíblia vemos o exemplo de José que, para não cometer adultério, fugiu da mulher de seu chefe! Talvez você esteja pensando: mas isso é ser radical! E eu digo: servir a Deus requer ousadia. Se você sabe que aquilo te faz pecar ou pode te afastar de Deus, fuja, passe a quilômetros de distância e se fortifique no Espírito! Se você peca e justifica "porque a carne é fraca ", entenda: pecado não é VITAMINA! Enfim, Jó tinha todas essas virtudes e passou pela prova, permanecendo fiel a Deus. Questionou a Deus? Sim, questionou, mas não blasfemou, não murmurou. E saiu da prova agradando mais ainda a Deus e conhecendo mais ainda a Deus.

Então, o segredo para agradar a Deus é: SER SINCERO, SER RETO, TEMER A DEUS E DESVIAR-SE DO MAL. Leia toda a história de Jó. A Bíblia diz que, por causa dessas características de Jó, Deus deu a ele tudo muito além do que ele tinha, Deus deu em dobro tudo o que ele tinha perdido. Deus pôde chegar e dizer a satanás: tenho certeza que meu servo Jó NUNCA vai pecar contra mim. Hoje Deus anda procurando "Jós " por aí. Será que Ele pode encontrar em você o que está procurando? Deus tem tantas bênçãos para entregar, mas estão faltando "Jós ", aqueles que, mesmo nas dificuldades da vida, louvam e agradecem a Deus. Estão faltando pessoas de coração sincero, reto, temente a Deus e que se desviem do mal. Pense nisso, não adie para amanhã sua benção, deixe Deus transformar o seu coração. Sempre haverá recompensa de Deus por tudo o que fizermos a Ele. Olhe o fim de Jó, no capítulo 42:10 a 17.

O SENHOR o tornou novamente próspero e lhe concedeu em dobro tudo o que possuía antes. Então, todos os seus irmãos, todas as suas irmãs e todos os que antes o conheciam foram visitá-lo e comeram com ele uma refeição em sua casa. Eles se compadeceram dele e o consolaram de todas as provas e aflições que o SENHOR tinha trazido sobre ele, e cada um lhe deu uma quesitah, moeda de prata, e um anel de ouro. Assim, o Eterno abençoou o final da vida de Jó muito mais do que o início. Ele teve 14.000 ovelhas, 6.000 camelos, 1.000 juntas de boi e 1.000 jumentos. Também lhe nasceram mais 7 filhos e 3 filhas. Jó chamou sua primeira filha de Ieminá, a segunda de Ketsiá e a terceira de Keren Hapuh. E, em toda aquela terra, não se encontraram jovens mais bonitas que as filhas de Jó; e seu pai repartiu generosa herança entre elas e seus irmãos. Depois de todos esses eventos, Jó ainda viveu 140 anos; viu seus filhos e os descendentes deles até a quarta geração. E então morreu Jó, realizado e em idade muito avançada.

E então, vale a pena agradar a Deus?

O SEGREDO deste texto é: SER SINCERO, RETO, TEMER A DEUS E DESVIAR-SE DO MAL.

Segredo 21

"E depois dele Samá, filho de Agé, o hararita, quando os filisteus se ajuntaram numa multidão, onde havia um pedaço de terra cheio de lentilhas, e o povo fugira de diante dos filisteus. Este, pois, se pôs no meio daquele pedaço de terra, e o defendeu, e feriu os filisteus; e o Senhor efetuou um grande livramento". Samuel 23:11-12

Na época desta história, israelitas e filisteus viviam em guerra. Os filisteus tentavam destruir sempre as plantações dos Israelitas, para que eles não tivessem comida e com isso ficassem fracos, sendo então presas fáceis para os filisteus. Mas, neste dia, alguém se levantou e lutou. Lutar contra uma multidão de homens não é para qualquer pessoa, tem que ser uma pessoa valente, corajosa e lutadora. Eu creio que ele pensou: Chega, agora chega. Esse povo não vai mais destruir o que é meu. Levantar e lutar significa também correr o risco de morrer. Mas Samá não queria morrer, ele queria salvar o que era dele, o que era da sua família, o que era o seu sustento.

Agora traremos essa história para nossa história. Que tamanho é o exército de problemas que tem se levantado contra você, contra seu campo de lentilha? Esse campo pode ser representado por sua família, suas finanças, sua saúde, sua vida sentimental ou sua vida espiritual. Eu não sei, mas você sabe.

No final dessa história, Deus deu a ele o livramento que ele precisava.

O SEGREDO desta história está em se POSICIONAR. Samá foi para o meio do campo para defendê-lo. A bíblia diz que os outros, "amigos" de Samá, fugiram. Não adianta fugir do seu problema, porque ele vai atrás de você onde você for, então é melhor se posicionar e enfrentar, lutar, acreditar na vitória e vencer.

Fico pensando se na mente de Samá não passou um pensamento de morte... eu acho que sim, mas isso não o intimidou. O que está intimidando você, te impedindo de se posicionar? É essa fraqueza que a falta de saúde te deixou? É esse sentimento de abandono porque seu cônjuge foi embora? É a vergonha das contas não pagas? É essa sua depressão por seu filho perdido? É essa angústia por sua vida espiritual não estar se desenvolvendo? Qual é teu inimigo hoje? Identifique-o agora e se posicione.

Você precisa provar um livramento, uma vitória da parte de Deus. Mas, para que isso aconteça, você precisa se posicionar. Tem algo que só você pode fazer, para que Deus possa fazer a parte D'Ele. Deus não trabalha sozinho, Ele precisa e quer a sua participação nessa luta. Ele não pode e não vai lutar sozinho. Você precisa ir para o meio do campo, desembainhar a sua espada e partir pra cima do problema, do inimigo, e destruí-lo completamente. Só depende de você, a sua vitória está em suas mãos. Levante-se, acredite em você, seja forte, seja corajoso. Você não tem outra saída, dê ordens a esse problema que se retire da sua vida. Você não sabe o poder que tem em você quando se coloca em posição de luta.

Vá em frente, sua história não acabou. Eu acredito que alguns arranhões Samá teve, mas isso não o fez desistir. Você também poderá ter vários arranhões, mas e o que te espera depois deles?

Será que não valerá a pena? Vá para o meio do campo e receba a vitória, em nome de Jesus.

Mas o que significa se posicionar? Significa a ação de se colocar numa determinada posição, assumir uma posição pensada ou estratégica. Talvez você esteja mal posicionado(a), esteja fora da sua posição. Talvez você esteja numa posição que não lhe pertence. No caso de Samá, ele se posicionou no meio do campo de lentilha; esse era o seu lugar de posicionamento para a vitória. O nosso posicionamento pode ser estar mais dentro de casa. Talvez a sua posição seja uma mudança de caráter, ou um compromisso de fidelidade tanto com Deus quanto com seu(sua) esposo(a) ou com a igreja. Talvez o seu posicionamento seja assumir as responsabilidades que lhe cabem. Tem muitos exemplos de posicionamento que eu poderia lhe dar. Mas é você que tem que saber e realmente levar a sério o seu lugar, a sua posição, e ficar lá com a espada desembainhada e pronto para a luta e a vitória.

O SEGREDO aqui é se posicionar. Identifique sua posição e não a abandone por nada.

Segredo 22

"Como foi nos dias de Noé, assim também será na vinda do Filho do homem". Mateus 24:37

Esse texto fala que como foi nos dias de Noé, assim também será a vinda do filho do homem. Agora vamos para Gênesis, ao texto sobre o qual Mateus faz uma comparação.

"E viu o SENHOR que a maldade do homem se multiplicara sobre a terra e que toda a imaginação dos pensamentos de seu coração era só má continuamente". Gênesis 6:5

Deus destruiu a Terra por causa de um pecado. Mas qual é? Adultério? Ganância? Promiscuidade? Homicídio? O pecado chamava-se e chama-se imaginação. E a imaginação diz respeito a todas essas coisas: primeiro imaginamos e depois damos um jeito de fazer acontecer. A imaginação é o que existe de mais poderoso no ser humano. Neste momento, podemos voltar a determinado dia de nossa infância, podemos tentar visualizar um lugar onde nunca estivemos ou mesmo tentar prever o futuro. Queiramos ou não, é a imaginação que guia nossos passos, nos diz o que devemos e o que não devemos fazer. O mundo está aí fora e tem suas próprias regras – mas só entendemos estas regras usando para nosso bem ou para nosso mal a Imaginação, ela nos faz criar e recriar o mundo várias vezes por dia.

A imaginação nos dá e nos tira a força necessária para fazer o que temos que fazer. É a imaginação que nos leva ao encontro com Deus, a mesma imaginação que, muitas vezes, nos transforma em pessoas incompetentes, incapazes de realizar nossas tarefas. Tudo depende do rosto que conseguimos enxergar quando nos vemos refletidos no mundo. Segundo o dicionário: Imaginação é uma faculdade ou capacidade mental que permite representar objetos, segundo aquelas qualidades que nos são dadas através dos sentidos. Capacidade de reprodução mental de um objeto ou situação, não estando estas presentes na realidade.

A imaginação muitas vezes é consciente, utilizada contra nós mesmos, no caso especifico dos medos. Perante um medo, mesmo sem querer, imaginamos o pior cenário possível, provocando as respectivas alterações no organismo, como aumento da adrenalina, aumento da pulsação, da respiração, da tensão arterial. No entanto, o nosso corpo está reagindo perante uma imagem ou situação que existe apenas no nosso cérebro, uma situação imaginada. Por isso que Deus disse que a imaginação do homem é má continuamente, por isso precisamos parar e ver o que se passa em nossa mente, na nossa imaginação, e tentar mudar isso. Precisamos começar a vigiar a nossa imaginação para não nos perdermos por causa dela, porque ela faz acontecer tudo o que imaginamos.

O poder da imaginação é mais forte que o da vontade. Geralmente os doentes pensam: "Quero ficar curado", mas existem muitas pessoas que não conseguem a cura. Por outro lado, há pessoas que se curam até mesmo com remédios falsos ou estragados, quando os utilizam com a fé de que serão curados com esse remédio. O "quero ficar curado" é a vontade, e o "serei curado" é a fé ou o poder da imaginação. A vontade sozinha não consegue concretizar o desejo de ser curado, mas a fé ou a imaginação de quando se diz "serei curado " concretiza a cura.

A coisa almejada se concretiza quando a vontade e o poder da imaginação estão divorciados. A tentativa de dominar, pela força da vontade, um pensamento contrário só servirá para aumentar e fortalecer ainda mais o pensamento que se deseja dominar.

O GRANDE SEGREDO aqui é ter domínio sobre a nossa imaginação. Vamos começar a imaginar coisas boas, vamos?

Segredo 23

"Ouvi, ó céus, e dá ouvidos, tu, ó terra; porque o Senhor tem falado: Criei filhos, e engrandeci-os; mas eles se rebelaram contra mim." Isaías 1 e 2

Leia o capítulo 1 todo para entender melhor o que Deus está falando e o que Ele está querendo. Deus diz no capítulo 1:2

"Ouvi, ó terra, ouvi ó povo, criei vocês meus filhos, e os engrandeci, mas mesmo assim vocês se rebelaram contra mim".

Deus nos criou seus filhos e nos engrandeceu, mesmo assim nos rebelamos contra Ele e ainda assim queremos ser engrandecidos. Quando nos rebelamos, coisas ruins começam a acontecer conosco. Seria a mesma coisa se você trabalhasse para uma empresa, tivesse um bom salário com o qual você levava uma vida boa, tranquila, com abundância em casa; então você começa a se rebelar contra seu chefe, não fazendo mais direito o que você deveria fazer, começa a chegar atrasado, não faz mais as coisas com amor... Chegará a hora em que você será demitido e então não terá mais seu salário. Sua vida começa a ficar difícil, começa a ter escassez, doenças começam a chegar por causa das preocupações e, pior, você não consegue mais um bom emprego para que continue no nível social em que estava.

A terra é regida por leis e Deus não passa por cima delas. Se acontece isso numa empresa, que dirá com Deus, que tudo criou? Seja de Deus, esteja com Deus e tudo vai bem. Não que às vezes não teremos dificuldades, mas, estando com Deus, passamos pelas dificuldades sem preocupações, pois sabemos em quem nós cremos. Quando estamos com Deus, Ele sempre nos dá um escape. As lutas ficam mais suaves, conseguimos enfrentar com facilidade.

Nos rebelar nos afasta das bênçãos. Temos que entender que Deus está sempre pronto a nos atender, Ele tem prazer em realizar nossos sonhos, mas precisamos estar na presença d'Ele, confiarmos n'Ele. Se você faz tudo certo na empresa, se tenta agradar seu chefe, você com certeza será bem remunerado. Assim é com Deus. Deus quer fazer algo novo na sua vida, mas às vezes você está O impedindo de agir. Por que Deus vai fazer algo para você se você nunca está perto d'Ele? É a mesma coisa de um pai. Você acha que seu pai vai dar algo para o filho do vizinho em vez de dar para você que é filho d'Ele e está dentro de casa? Eu penso que não. Meu papai, Pedro, sempre deu para mim as coisas, nunca vi meu papai dar para a filha do vizinho coisas que seriam para mim.

O SEGREDO aqui é agradar nosso Papai do céu, é agradar a Deus. Assim fazendo, Deus estará cada dia mais nos engrandecendo, porque essa é a alegria do nosso Deus. Deus nos vê grandes, grandes em todas as áreas, e, muitas vezes, nos vemos pequenos, sem forças, insignificantes. Deus não se agrada disso, temos que mostrar a Sua grandeza em nós. Somos testemunhas de Deus aqui na terra.

Como as pessoas te veem hoje? Será que o que elas veem em você faz com que tenham vontade de pertencerem a esse seu

Deus? Deus está procurando pessoas para representá-lo na Terra e Ele já te engrandeceu, você já é grande e precisa mostrar isso para quem está fora da presença de Deus. Você precisa ser evidência de Deus no mundo, Ele nos fez Seus filhos e nos engrandeceu, para mostrarmos que realmente somos filhos de um Rei. Às vezes parecemos filhos de um pai pobre, que não abençoa e que não tem coisas boas para dar a Seus filhos. Deus não é assim, Ele não te fez assim.

Sinta-se e comporte-se como sendo engrandecido por Deus. Se você ainda não se sente engrandecido, comece a perguntar ao Senhor o que é que você precisa fazer para ser engrandecido. Quando descobrir o que está faltando, tenho certeza que conseguirá fazer o que for preciso para que sua vida mude e você seja uma verdadeira cópia de Deus na Terra.

O GRANDE SEGREDO aqui é saber o que está faltando em você para ser um filho de Deus engrandecido.

Segredo 24

"Naqueles dias, Ezequias ficou doente, à beira da morte. O profeta Isaías, filho de Amoz, foi visitá-lo e lhe disse: Assim diz o Senhor: Ponha a casa em ordem, porque você vai morrer; você não se recuperará. Ezequias virou o rosto para a parede e orou ao Senhor: Lembra-te, Senhor, de como tenho te servido com fidelidade e com devoção sincera, e tenho feito o que tu aprovas. E Ezequias chorou amargamente. Então a palavra do Senhor veio a Isaías: Vá dizer a Ezequias: Assim diz o Senhor, o Deus de seu antepassado Davi: Ouvi sua oração e vi suas lágrimas; acrescentarei quinze anos à sua vida". Isaías 38:1-5

Que história linda! Nela há um grande SEGREDO: Ezequias recebeu uma palavra que dizia que ele iria morrer. Já se imaginou recebendo uma palavra dessas? O que será que você faria? Será que teria argumentos com Deus como teve Ezequias? Ezequias sabia o que ele tinha feito a Deus. Ele tinha crédito com Deus. Como você pode chegar ao seu banco e querer retirar dinheiro de lá se nunca depositou? Como você pode chegar a Deus e pedir uma cura? A salvação de um filho? A volta do seu cônjuge? Sua vida financeira restaurada? Se você nunca fez nada para Ele ou para quem está cuidando da obra d'Ele? O SEGREDO é ter crédito com Deus, para poder chegar e apresentar o que você fez a Ele e, então, ter o seu pedido atendido.

Hoje nós só queremos ter, mas não queremos fazer nada para Aquele que pode e faz grandes coisas para os que O servem. Também precisamos ter fé que Ele vai fazer, porque às vezes não cremos que Deus pode fazer grandes coisas em nossas vidas através da fé, da certeza.

Vivemos muito na incerteza, e Deus não pode fazer nada quando há dúvidas em nosso coração e em nosso pensamento. Temos que ter a certeza de uma criança. Como quando o pai pega o bebê e o joga para cima: ele desce rindo, porque sabe que seu pai irá pegá-lo sem deixar cair no chão e se machucar. É essa fé, essa confiança, que Deus quer. Através do que você fez e faz a Ele, mais a sua fé, com certeza você pode pedir qualquer coisa que sabe que será bom para você, que Deus lhe concederá. Como fez com o rei Ezequias, Deus lhe deu mais 15 anos de vida. Olhem só que benção! A morte já estava decretada, mas o rei foi falar com Aquele com quem tinha crédito e foi atendido. Sua vida ficou registrada no grande livro da história, para que hoje eu e você tivéssemos acesso a mais um SEGREDO para uma vida de abundância. Tenha crédito com Deus e tenha uma vida abundante.

Esse capítulo tem outro SEGREDO. Qual será? Muitas vezes lemos a bíblia e não percebemos o que está escrito, por isso a bíblia precisa ser meditada e não só lida. O outro segredo está no versículo 2, que diz: Ezequias virou o rosto para a parede e orou ao Senhor. Ezequias foi falar com Aquele que tinha a solução para o seu problema. Sabe, muitas vezes vamos contar o nosso problema para uma pessoa fofoqueira, imagina no que vira isso. Às vezes, contamos para alguém que achamos que gosta da gente e essa pessoa não gosta, então ela fica torcendo contra nós. Conte seu problema para Deus, você não tem melhor amigo não, seu melhor amigo é Deus. Conte a Ele seu problema, tenha crédito e tudo se resolverá.

Vale a pena ter crédito com o dono da vida, com o dono das bênçãos, com o dono da vitória. Comece a depositar todos os dias alguma s moedinhas de boas obras, de ajudas, de amor e, aí sim, o crédito começa a aumentar e logo você terá um ótimo crédito com o Todo Poderoso. O SEGREDO aqui é ter crédito com o nosso Deus.

Segredo 25

"Se com a tua boca confessares que Jesus Cristo é o Senhor e no teu coração creres que Deus o ressuscitou dos mortos, serás salvo. Porque é crendo que uma pessoa se põe em ordem perante Deus; e é declarando, em voz clara, que a salvação se afirma. Todo o que crê nele não ficará decepcionado. E nisto, entre judeus e os outros povos não há diferença: todos têm o mesmo Senhor que dá generosamente as suas riquezas aos que lhas pedirem". Romanos 10:9-12

Este é o único versículo da bíblia onde Deus é claro sobre a salvação. Nele, Deus não fala que você tem que pagar promessa para ser salvo, subir escadarias, fazer sacrifícios que Ele não pede. Esse é um SEGREDO que muitas pessoas não entendem. A salvação é muito simples, é tão simples que por isso não é entendida.

Aqui Deus fala: se confessares com tua boca que Jesus é o Senhor, e creres no teu coração, quer dizer crer de verdade, que Deus o ressuscitou dos mortos, serás salvo. Olha que tradução linda nessa bíblia (Gateway): "porque é crendo que uma pessoa se põe em ordem perante Deus". Quando nós cremos em Deus, é a mesma coisa que dizer: DEUS EXISTE. E Deus fala para "com a boca confessarmos ", porque há poder nas palavras. Foi com palavras que Deus criou o mundo. Isso parece tão sem importância, mas são as palavras que saem da nossa boca que determinam nossa vida.

Então, para sermos salvos, não precisamos ser desta ou daquela religião, não é isso que a bíblia fala. A bíblia fala que entre judeus e outros povos não há diferença. A diferença está em quem conhece esse SEGREDO: confessar com a boca e crer com o coração. E continuar com Deus, estando sempre ligado n'Ele e fazendo o que a palavra fala para fazer, então teremos a salvação, que é o que de mais importante nós temos e precisamos. Precisamos ter a certeza de para onde vamos depois da morte. Será que você está certo da sua salvação? Você já entregou seu coração a Jesus e já declarou com sua boca que você crê n'Ele? Você crê que Ele morreu na cruz, mas já ressuscitou dos mortos para que você tivesse a vida eterna?

Te convido agora para fazer uma pequena oração, para declarar o que Ele pede, para que você tenha a vida eterna: "Senhor, eu te aceito como o meu Senhor e meu Salvador, eu creio que tu morreste na cruz pelos meus pecados, mas também creio que tu ressuscitaste. Escreva meu nome no livro da vida e me ajude a te seguir, em nome de Jesus. Amém." Está confessado e declarado, agora siga a Jesus.

Esse capítulo também fala que todo aquele que n'Ele crê não será decepcionado. Deus nunca decepcionou ninguém que O aceitou e O seguiu. Ele está sempre com os braços abertos para nos acolher, nos perdoar e nos amar. Nós é que muitas vezes estamos longe dos seus caminhos, então sofremos as consequências de uma vida sem Deus.

A salvação é o que temos de mais importante. Essa vida aqui é de 60, 70, 80 anos, depois tudo acaba. Mas e a vida eterna? Ela será para sempre. Penso que ser queimado o dia inteiro, todos os dias, de eternidade a eternidade, não deve ser nada bom. Você já queimou uma pequena parte de seu corpo? Acho que todos já passaram por essa experiência e conhecem a dor, mas estar num fogo eterno, para sempre, isso me parece uma experiência não muito agradável. Precisamos estar certos para onde vamos, então faça o que Deus pede, é muito simples: é confessar e crer n'Ele. Depois segui-lo até o dia em que você será chamado desta terra para viver no céu. Desejo que seu lugar seja nos céus, junto com Jesus.

O SEGREDO destes versículos é confessar com a boca e crer no coração em Jesus, e, assim, ser salvo.

Segredo 26

"Enviou-os, pois, Moisés a espiar a terra de Canaã; e disse-lhes: Subi por aqui para o lado do sul, e subi à montanha: E vede que terra é, e o povo que nela habita; se é forte ou fraco; se pouco ou muito. E como é a terra em que habita se boa ou má; e quais são as cidades em que eles habitam; se em arraiais, ou em fortalezas. Também como é a terra, se fértil ou estéril; se nela há árvores, ou não; e esforçai-vos, e tomai do fruto da terra. E eram aqueles dias os dias das primícias das uvas". E eles voltaram de espiar a terra, ao fim de quarenta dias. (...) E caminharam, e vieram a Moisés e a Arão, e a toda a congregação dos filhos de Israel no deserto de Parã, em Cades; e deram-lhes notícias, a eles, e a toda a congregação, e mostraram-lhes o fruto da terra. E contaram-lhes, e disseram: Fomos à terra a que nos enviaste; e verdadeiramente mana leite e mel, e este é o seu fruto. O povo, porém, que habita nessa terra é poderoso, e as cidades fortificadas e mui grandes; e também ali vimos os filhos de Anaque. Os amalequitas habitam na terra do sul; e os heteus, e os jebuseus, e os amorreus habitam na montanha; e os cananeus habitam junto do mar, e pela margem do Jordão. Então Calebe fez calar o povo perante Moisés, e disse: Certamente subiremos e a possuiremos em herança; porque seguramente prevaleceremos contra ela." Números 13:17-20; 25-30

Aqui está uma parte da bíblia muito importante para nossas vidas, chamada OPORTUNIDADE. Qual é o SEGREDO desta parte da bíblia? Deus tirou o povo do Egito e da escravidão para lhe dar uma terra que manava leite e mel. Pense como era boa essa terra! O povo foi, observou e constatou que realmente a terra era boa, tanto era que precisou de dois homens para carregar um cacho de uva. Deus mandou que fossem espiar a terra para verem que o que Ele estava falando era verdadeiro. Mas algo aconteceu: foram 12 os espias e 10 deles voltaram com uma perspectiva negativa do lugar; eles viram que era boa, que manava leite e mel, porém tinha gigantes que habitavam lá, e era um povo poderoso e numeroso.

Assim, o povo perdeu a grande oportunidade de entrar na terra boa. Quantas pessoas estão perdendo as oportunidades que a vida oferece, por medo, por dúvidas, por falhas do passado, por falta de coragem, por se achar gordo, por se achar magro, por se achar feio, por se achar careca, por se achar sem estudo, por se achar velho? Esse povo da bíblia morreu todo no deserto, sem entrar na terra. Porém, 2 dos 12 acreditaram. Vale a pena você ler todo o capítulo 10 para entender. Esses 2 que acreditavam que podiam entrar, vencer e conquistar, apesar do povo que lá morava, entraram, venceram, conquistaram e provaram para mim e você que, quando se tem fé, quando se confia em Deus e em si mesmo, é possível conseguir o impossível.

Que SEGREDO lindo Deus nos ensina aqui: que há poder em nós quando seguimos em frente para conquistar, sem medo, com coragem, confiando em nós, enfrentando os obstáculos, os gigantes do passado. Os 2 que foram com a certeza que poderiam entrar, entraram com toda a sua descendência; os outros todos morreram no deserto. Eles tiveram que lutar, que persistir. Às vezes, queremos as coisas fáceis, sem lutas, sem adversidades, sem problemas, e não é assim que funciona. Tudo tem que ser conquistado, mas a vitória compensa todo o esforço. Melhor lutar e acreditar e vencer do que morrer no deserto. Temos que ser caçadores de oportunidades. Elas estão aí, nos circundando, se apresentando a nós e, muitas vezes, não a s vemos, as deixamos passar. Precisamos abrir nossos olhos, precisamos prestar atenção ao que se passa ao nosso redor.

As oportunidades vêm e vão embora. Muitas vezes, pela misericórdia de Deus, elas podem até voltar para ver se você já acordou, mas isso é difícil acontecer. Te convido hoje a começar a caçar oportunidades, cace-as como se elas fossem um tesouro, fique atento aos sinais. As oportunidades nos dão sinais, você nunca pode dizer que não teve sinais – se você acha que não teve, simplesmente estava distraído. Comece a prestar mais atenção nas coisas que acontecem ao seu redor. Cada conversa sua com alguém está agendando o seu futuro, preste mais atenção, fique mais ligado.

Quem sabe quantas oportunidades você já perdeu? Lute, acredite, tenha fé. Esqueça suas deficiências, tem uma oportunidade aí na sua frente agora, agarre-a. Muitas vezes, perdemos as oportunidades porque estamos focado s em uma coisa só. Por exemplo: quero me casar com um loiro de olhos azuis; e muitas vezes aparece um mulato que quer se casar comigo, ou um loiro de olhos castanhos, ou um de cabelos vermelhos... mas, não! Você quer um loiro de olhos azuis, então você já tem 50 anos e ele não apareceu ainda. Com esse exemplo talvez você consiga descobrir quantas oportunidades já perdeu. Não as perca mais. O GRANDE SEGREDO aqui é não perder as oportunidades.

Segredo 27

"E acharam Adoni-Bezeque em Bezeque, e pelejaram contra ele; e feriram aos cananeus e aos perizeus. Porém Adoni-Bezeque fugiu, mas o seguiram, e prenderam-no e cortaram-lhe os dedos polegares das mãos e dos pés. Então disse Adoni-Bezeque: Setenta reis, com os dedos polegares das mãos e dos pés cortados, apanhavam as migalhas debaixo da minha mesa; assim como eu fiz, assim Deus me pagou. E levaram-no a Jerusalém, e morreu ali". Juízes 1:5-7

Essa história mostra um grande SEGREDO: a lei da semeadura. Ela é infalível e imutável. Esse rei foi um rei muito mau e ele mesmo confessa com sua boca que "assim como eu fiz com os outros, assim Deus fez com comigo". Quando você joga uma bola numa parede à sua frente, consequentemente ela voltará para você. Se você plantar uma semente de laranja, não vai nascer um pé de melancia, vai nascer um pé de laranja. Esse rei conquistou 70 reinados, penso que ele foi o rei mais estrategista da Bíblia, por ter derrotado 70 reis. Ele invadia as cidades, as saqueava, pegava os reis e humilhava-os na frente do seu povo, cortando-lhes os polegares das mãos e dos pés. Mas passou-se o tempo e seu castigo chegou. Então, se você agora está fazendo algo que, através da lei da semeadura, voltará a você, só continue se isso lhe trará de volta bênçãos, coisas boas, senão não faça. Não vale a pena fazer o mal.

Quando Deus fez o mundo, Ele fez e deixou as leis para reger o mesmo, para que tudo funcionasse perfeitamente, e tudo funciona até hoje. Por isso a importância de vigiarmos as nossas atitudes e ações. Muitas vezes, a colheita demora tanto que, quando chega, nem nos lembramos da semeadura. Ficamos nos questionando: por que será que isso está acontecendo comigo? Se você parar para analisar, o Espírito Santo trará à sua memória a semente que gerou essa colheita que você está tendo agora. Tudo acontece por um motivo, tudo tem uma razão para estar acontecendo. Precisamos acordar e rever nossa vida, até mesmo nossos pensamentos, pois eles também são sementes, e são sementes que muitas vezes não damos importância. Estamos aí semeando e sem esperar colheita. Precisamos nos vigiar, só nós podemos fazer isso, só nós garantimos nosso futuro. Então plante boas sementes e terá boas colheitas.

Esse rei cortava os polegares dos pés e das mãos. Por que será que ele fazia isso? Porque nós, sem esses dedos, perdemos o equilíbrio, no caso dos polegares dos pés, e não conseguimos segurar nada sem os polegares das mãos. Ele fez coisas terríveis com esses reis, mas o que o prendeu fez exatamente o mesmo com ele. Essa lição tem que ser muito bem observada por nós. É muito sério, vigie o que você esta semeando, ou seja, vigie o que você está fazendo, principalmente aos outros. Pois tudo isso, sem tirar e nem pôr, voltará até você. Seja bom ou ruim.

O SEGREDO aqui é vigiar a sua semeadura, a sua plantação, para que a colheita seja benção e não maldição.

Segredo 28

"Por que estás abatida, ó minha alma, e por que te perturbas dentro de mim? Espera em Deus, pois ainda o louvarei pela salvação que há na sua presença". Salmos 42:5

Quantas vezes nossa alma está abatida? Preocupação, ansiedade, medos, depressão... Mas espera no Senhor, confia no Senhor, aprenda as coisas do Senhor e você se alegrará. Nossa alma se abate porque está lhe faltando alguma coisa. Nós precisamos alimentar nosso corpo, nosso Espírito e também nossa alma. Nosso corpo está bem alimentado com a comida, nosso Espírito, lendo a palavra e aprendendo as coisas de Deus, mas e a alma? Muitos não se importam em alimentar a alma. A alma só se alimenta daquilo que lhe traz alegria.

Cada vez mais tentamos fazer maior número de atividades ao longo do dia, só que muitas delas não são boas nem para saúde nem para a alma. Prepare um chá, sente-se com um livro ou com uma revista e simplesmente faça uma pausa. Sorria. Mesmo que não queira. Sorrir faz com que o nosso cérebro acredite que estamos felizes. Telefone a um amigo com quem não fala há muito tempo (alguém com atitude positiva, que faça com que se sinta bem). Faça uma coisa simpática por alguém. Por vezes, fazer uma boa ação pode trazer tanta alegria a quem dá como a quem recebe. Pode doar alguma coisa para a caridade, dar roupa que já não usa, doar cobertores para um abrigo animal, pagar um café a um estranho, doar livros para a sua biblioteca local e muito mais. Cuide de um jardim, mesmo que não tenha um. Encontre uma maneira de se juntar a ou de iniciar um jardim comunitário. Mesmo que tenha apenas uma varanda, pode criar flores em vasos. Faça uma caminhada. Escolha um caminho diferente do habitual. Vá até um parque ou faça um percurso pedestre. Faça um piquenique ou goze uma pausa num banco de jardim. Dê um abraço em alguém de quem goste e diga-lhe quão importante ele(a) é para você. Cante... Apenas pelo prazer. Mesmo que pense que não sabe cantar, cante. Libertar a voz é uma boa maneira de curar a alma. Diga "obrigado" às muitas pessoas que o ajudam ao longo do dia, quer se trate de uma empregada de balcão, alguém que te ajude a carregar algo, a um professor, a alguém que lhe abriu uma porta... Mostre sempre a sua gratidão. Veja sempre o lado positivo do dia a dia. É surpreendente a quantidade de pessoas que parecem procurar coisas para poderem se queixar. Pare de olhar para o lado negativo das coisas. Escreva uma carta. Não apenas um e-mail, uma boa carta à antiga para um amigo ou familiar. Receber uma carta de alguém pode alegrar o dia. Desligue a televisão e ouça música. Apesar de haver muitos bons programas, muitas horas à frente da televisão podem desgastar a alma. Melhor ainda, faça uma pausa das mídias. Desligue o computador, o celular, o Blackberry, Ipad e os muitos outros aparelhos dos quais muitas vezes dependemos. Experimente dedicar-se a uma arte ou a trabalhos manuais: pintura, cerâmica, escultura, tricô, decoração de bolos, fábrica de pão ou qualquer outro passatempo que liberte a sua mente do dia a dia, ajudando-o a desenvolver a sua criatividade.

Se sua alma está abatida, procure mudar seus hábitos e, volto a dizer, a alma precisa ser alimentada. Alma abatida também é falta de confiança no Senhor. Aí está o SEGREDO de uma alma alegre: primeiro, confie no Senhor e, depois, faça essas pequenas mudanças de hábitos e você verá algo novo acontecer. Chega de alma abatida!

O SEGREDO deste versículo é alimentar a alma também.

Segredo 29

"Fazei todas as coisas sem murmurações nem contendas" Filipenses 2:14

Somos a geração mais murmuradora dos últimos tempo s, apenas perdemos para aquela geração que foi tirada da escravidão do Egito, a qual, pela murmuração, morreu toda no deserto. Este é um indicativo bem triste para nós. Hoje vejo grandes milagres, livramentos de Deus que antigamente não víamos. E parece que, quanto mais coisas Deus faz para nós, mais murmuramos. Por que será? Acho que é porque tudo ficou muito fácil, não precisamos mais lutar tanto pelas coisas. Isso nos deixou pessoas mais vazias, sem conteúdo. Enfim, mais murmuradoras.

Me lembro que, na minha infância, tínhamos que ir dormir no máximo 8 horas da noite, porque escurecia e não tínhamos luz em casa ainda. Você já pensou em hoje ter que ir dormir às 8 horas todas as noites, porque não tem o que fazer na escuridão? Hoje não é assim, temos energia, consequentemente tem os televisão, internet, enfim, distração. Parece que vivemos em busca de distração. Não sabemos fazer nada mais além disso. Penso na saúde que tínhamos naquela época. Meu pai matava um porquinho para nosso sustento, tinha que cozinhar bem a carne e deixá-la mergulhada na banha do próprio porco, assim não estragava e tínhamos carne para um bom tempo. Se matava um boizinho, tinha que distribuir a carne entre os vizinhos, porque não tinha onde guardar e assim fazíamos para não estragar.

Hoje vivemos num tempo diferente, quanto mais temos, mais reclamamos, mais queremos. Estamos sempre insatisfeitos. Nosso corpo quer, quer e reclama e reclama. Pense comigo: Você está sem pernas? Está com uma doença incurável? Está sem teto para descansar? Está com um filho desaparecido? Está sem nada para comer? Está cego? Está paralítico?

Por que a murmuração? Não digo todo ser humano, mas quase todo, murmura, murmurou ou vai murmurar. Nós não sabemos o poder que há atrás de um agradecimento e também não sabemos o poder que há atrás da murmuração. O agradecimento nos impulsiona para a vitória e a murmuração, para a derrota. O povo do Egito morreu no deserto, a sua trajetória para a terra prometida era de apenas alguns dias, mas eles ficaram 40 anos caminhando e acabaram todos morrendo no deserto.

O SEGREDO aqui está em não murmurar. Não murmure, seja grato pelo pouco que você tem, mude sua história se você sabe que é murmurador. Vire seu cativeiro através do zíper que você pode colocar em sua boca, mude suas palavras. O inimigo só pode agir na nossa vida se lhe é dada legalidade, e essa é uma grande legalidade. Tranque a porta da murmuração, senão você morrerá no deserto.

A coisa mais comum desse mundo é começarmos a reclamar quando as coisas não vão bem ou, aos nossos olhos, parecem que não vão. Nesse momento, achamos que somos as pessoas mais infelizes desse mundo, que coisas assim só acontecem conosco, e nos queixamos, murmuramos e reclamamos. Ainda temos pena de nós mesmos, enfim, entramos num processo depressivo, que nos leva a viver lamentando o tempo todo.

O grande problema é que não temos noção dos motivos pelos quais estamos passando por esta ou aquela situação, que achamos um desastre. Analisando o caso do povo de Israel (Êxodo cap. 13 e 14), tratava-se de um plano arquitetado por Deus para aniquilar o exército egípcio. Conosco pode ser a mesma coisa. Por isso, não devemos reagir aos problemas com murmurações e queixas, pois esse tipo de atitude pode levar Deus a interromper o processo, a fim de atender às nossas reclamações e, claro, acabaremos por deixar de usufruir das bênçãos que Ele está preparando para nós ao final da história.

A reclamação, a queixa e a murmuração são as maiores provas da falta de confiança em Deus que uma pessoa pode dar. Então não devemos fazer isso, já que esse tipo de atitude desgasta a nossa relação com Ele. Pense nisso, mude sua reclamação, queixa e murmuração por louvores ao Senhor, e o propósito da sua luta se cumprirá mais rapidamente.

Segredo 30

"Quando soaram as trombetas, o povo gritou. Ao som das trombetas e do forte grito, o muro caiu. Cada um atacou do lugar onde estava, e tomaram a cidade".. Josué: Cap. 6, Vers. 20.

Leia todo o capítulo 5. Essa história é muito linda, mas vamos para o versículo 20. Aqui está um grande SEGREDO. Deus falou a Josué que a cidade de Jericó já era dele, mas ele tinha que fazer um ESFORÇO para consegui-la. Quantas coisas Deus já falou que são nossas, mas temos que fazer algo para conquistar, como tudo na vida? Por exemplo, você quer ser um médico; precisará estudar muito para ser um. Esse é apenas um exemplo, em todas as áreas assim funciona. Às vezes, queremos as coisas, mas não queremos fazer nada para tê-las, e assim continuaremos sofrendo, continuaremos pobres. Tem que haver esforço de nossa parte, tem que haver dedicação de nossa parte, tem que haver confiança de nossa parte.

Nesta história, Deus deu a Josué uma estratégia e ele seguiu à risca. Ele não pensou: ah, se eu fizer assim ou do outro jeito vai ser mais fácil, mais rápido. Não, ele seguiu à risca a estratégia dada por Deus e foi vencedor.

Às vezes, queremos cortar caminho para chegarmos até nossa vitória, e esse caminho não existe. Existe, sim, algo que você tem que fazer corretamente para chegar lá. Se você quer uma grande colheita de milho, não precisa arar a terra e lançar a semente? Agora o resto, chuva e sol, não depende de você, aí já é com Deus. Mas a sua parte você fez. E se neste ano a chuva não foi boa? O milho não teve uma boa produção. Então você vai desistir? Vai abandonar a terra? Não. Tudo exige esforço. No próximo ano, plante de novo e creia, o resto Deus fará. O milho vai nascer e sua renda será muito grande. Às vezes o esforço nos deixa desanimados, nos faz desistir. Se isso acontecer e você desistir na primeira tentativa, o que será do resto dos seus anos? Talvez Deus queira um esforço de 1 ano ou 10 anos, não importa, mas depois dos 10 você vai viver o resto da sua vida com o lucro da última tentativa.

O esforço é algo primordial para sua vida, não desista, não desanime, não fique acomodado, saia deste estado de inércia em que você está. Gire as muralhas, plante o milho, estude 10 anos, e você será um grande vencedor. Ou você quer passar o resto da sua vida sem colher nada? Você quer ser um grande mecânico? Estude. Você quer ser uma aeromoça? Faça cursos. Você quer ser um grande médico(a)? Faça faculdade, mestrado, doutorado. Você quer ser um grande empresário? Comece com uma pequena empresa. Você quer ser um escritor? Comece a escrever num caderninho. Comece. Esforça-te! Este é o SEGREDO: esforçar-se para que aconteça.

"E levantou-se Moisés com Josué, seu servidor; e subiu Moisés ao monte de Deus". Êxodo: Cap. 24; Vers. 13.

Eu fui ao dicionário procurar o significado da palavra servidor, e significa: Que ou quem serve, presta serviços. SERVENTE. Que ou quem é rigoroso no cumprimento das suas funções. Que ou quem está disponível para ajudar. OBSEQUIADOR, PRESTÁVEL. Até os computadores têm um sistema chamado servidor, olha a importância de ser um. Nós, muitas vezes, não queremos ser um servidor, porque servidor geralmente faz o trabalho pesado, o trabalho difícil, o trabalho que ninguém quer fazer, o trabalho "sem importância". Na realidade, nem sempre é assim. Quando comecei, aos 12 anos, num supermercado que estava abrindo em minha cidade – na época era o maior –, eu fazia de tudo. Comecei lavando chão, depois completava a seção de higiene pessoal, depois fui o Office boy (mas, como era menina, então Office girl), depois fui empacotadora do caixa e, então, fui o caixa. Na época, era o melhor trabalho que tinha dentro do mercado, abaixo de gerente. Eu saí antes de conseguir ser a gerente, mas penso que estava no caminho certo.

Na bíblia não foi diferente. Josué era grudado em Moisés, ele queria aprender a fazer tudo para aprender como ser um grande líder, como foi Moisés. É assim em todo lugar, na igreja, no trabalho secular. Em todas as situações precisamos ter confiança, fazer nosso melhor. Mesmo que você seja apenas a zeladora da sua igreja, de um comércio ou qualquer trabalho que você faz, seja o melhor em tudo, porque a sua hora vai chegar. Engraçado é que em todo lugar tem alguém te observando e você acha que não. O melhor é que nosso Deus está sempre nos olhando, nos vigiando, nos observando. O homem pode não te recompensar, mas Deus nunca deixará você sem seu galardão. Não importa, Ele vai te honrar, mas às vezes você precisa começar de baixo, os degraus da vitória se sobe m escalando. Às vezes, não é só levantar os pés, sair de um degrau e pôr o pé no outro, não é assim tão fácil. Às vezes é tão difícil que temos que escalar uma pequena escada.

Quando o que Deus tem é grande, grandes provas temos que passar. Veja um pouco do trajeto de Josué, em Êxodo 17: 9: *"Por isso disse Moisés a Josué: escolhe-nos homens, e saia, peleja contra Amaleque: amanhã eu estarei sobre o cume do outeiro, e a vara de Deus estará na minha mão"*. Houve uma ordem dada a Josué de ir batalhar e ele foi. Essa é uma atitude daqueles que obterão a vitória: OBEDIÊNCIA.

"E ouvindo Josué a voz do povo que jubilava, disse a Moisés: Alarido de Guerra há no arraial". Êxodo 32:17

Temos que estar sempre atentos a tudo o que acontece ao nosso redor. Você precisa estar ligado, às vezes pode estar acontecendo coisas ao seu redor que só você pode ver, mas que pode prejudicar a igreja que você congrega ou a empresa que você trabalha. Você deve ser o primeiro a denunciar o inimigo que se aproxima.

"Estes são os nomes dos homens que Moisés enviou a espiar aquela terra; e a Oséias, filho de Num, Moisés chamou Josué". Números 13:16

Aqui diz que você tem que estar disponível para qualquer situação. Josué estava disponível e foi enviado para um grande trabalho.

"Não entrareis na terra, pela qual levantei a minha mão que vos faria habitar nela, salvo Calebe, filho de Jefoné e Josué, filho de Num." Números 14:30

Aqui mostra que só Josué e Calebe entraram na terra prometida, porque foram servos fiéis, fizeram tudo o que Moisés tinha ordenado que fosse feito.

"Mas Josué, filho de Num, e Calebe, filho de Jefoné, que eram dos homens que foram espiar a terra, ficaram com vida." Números 14:38

Os outros dez que foram com Josué e Calebe, Deus os matou, porque murmuraram contra a terra prometida e morreram na hora. Por isso, tudo tem que ser feito com amor e crendo que a recompensa virá.

Por fim, Josué foi escolhido para ficar no lugar de Moisés por causa das atitudes dele, porque ele foi fiel em seu trabalho, estava sempre disponível para o trabalho, não murmurava e acreditava que poderia entrar na terra prometida. E eu e você? Será que entraremos na terra prometida? Será que estamos fazendo tudo da melhor forma? Não importa se for na igreja, no seu trabalho, no condomínio onde mora, num trabalho de voluntariado. Josué ficou no lugar de Moisés. Será que você já está pronto para estar no lugar do seu pastor? Ou no lugar do seu patrão? Ou no lugar do seu líder? Será que não seria melhor você ficar onde está e se preparar melhor para quando chegar a hora de subir no pódio? Você está certo de que está pronto para tal?

O GRANDE SEGREDO AQUI é ser um bom SERVIDOR.

Sobre a Autora

Marisete Alves da Silva nasceu em santa Catarina, Região Sul do Brasil. Ela é pastora, casada com pastor e mãe de duas princesas.

Trabalha com palestras motivacionais, principalmente com mulheres e tem três cds de histórias motivacionais gravados e um blog também na mesma área.

Sua alegria é poder ajudar as pessoas que estão sem uma direção, sem incentivo e sem prespectiva de um futuro melhor. Ela nasceu com esta missão e deseja cumpri-la com alegria.

46879696R00055

Made in the USA
Middletown, DE
11 August 2017